Joachim Kaiser

Imaginäre Gespräche

SERIE PIPER

Zu diesem Buch

Den Traum hat doch so mancher schon geträumt: Ich stelle mir vor, ich treffe einen der granz Großen aus der Literatur, aus der Musik, aus der Philosophie, und ich darf ihm meine Fragen stellen. Joachim Kaiser hat sich diesen Wunschtraum auf spielerische und witzige Weise erfüllt: Er hat neunzehn große Dichter, Denker und Musiker befragt und sie aus ihren Werken antworten lassen. So entstanden die imaginären Gespräche dieses Buches, in denen die Befragten in Rede und Gegenrede lebendig werden. Kaiser hat sich als Gesprächspartner ausgesucht: Immanuel Kant, Frau Rat Goethe, Marquis de Sade, Matthias Claudius, Ludwig van Beethoven, Johannes Nestroy, Georg Büchner, Clara Schumann, Friedrich Nietzsche, Frank Wedekind, Alfred Kerr, Christian Morgenstern, Franz Kafka, Jean Cocteau, Kurt Tucholsky, Eugen Roth, Ernest Hemingway, Arthur Koestler und Ingeborg Bachmann.

Joachim Kaiser, geboren 1928 in Milken / Ostpreußen, studierte Musikwissenschaften, Germanistik und Soziologie. Seit 1959 Kulturkritiker bei der »Süddeutschen Zeitung« in München. Seit 1977 auch Professor an der Hochschule für Musik und darstellende Kunst in Stuttgart. Zuletzt veröffentlichte er »Kaisers Klassik. Hundert Meisterwerke der Musik«, »Who's who in Mozarts Meisteropern« und »Musikerporträts« (mit Walter Schels).

Joachim Kaiser

Imaginäre Gespräche

mit Dichtern, Denkern, Musikern

Piper München Zürich

Von Joachim Kaiser liegt in der Serie Piper außerdem vor:
Große Pianisten in unserer Zeit (2376)

Ungekürzte Taschenbuchausgabe
Dezember 1998

unter dem Titel »Vieles ist auf Erden zu thun.«
Umschlag: Büro Hamburg
Simone Leitenberger, Susanne Schmitt, Annette Hartwig
Umschlagabbildungen: Archiv für Kunst und Geschichte, Berlin:
Ludwig van Beethoven, Clara Schumann, Kurt Tucholsky,
Johann Nepomuk Nestroy, Friedrich Nietzsche;
dpa: Ingeborg Bachmann
Foto Umschlagrückseite: Isolde Ohlbaum
Gesamtherstellung: Clausen & Bosse, Leck
Printed in Germany ISBN 3-492-22727-9

INHALT

Darf man mit Toten reden?

Darf man Sätze, die von verehrungswürdigen Toten in längst verjährten Zusammenhängen geäußert wurden, als Nachgeborener nun so einfach zu Bestandteilen »Imaginärer Gespräche« machen? Ist es statthaft, was einst in Gesprächen gesagt, in Dichtungen oder Essays niedergeschrieben, in Privatbriefen Partnern anvertraut wurde, aus den alten Bezügen herauszubrechen und in neue – imaginäre – hineinzufügen? Diese Fragen muß gewiß ernst nehmen, wer Tote ins Gespräch zieht.

Oder wären die Toten, ihre Worte und Werke, vielleicht gar nicht tot – sondern überwältigend lebendig, anschaulich, erheiternd, berührend, erwägenswert – wenn man sie aus dem Grab ihrer Gesamt-Ausgaben und Biographien holt und in einen Dialog verwickelt?

Hat beispielsweise Christian Morgenstern den menschenfreundlichen und karikaturfeindlichen Aphorismus »Eine Karikatur ist immer bloß einen Augenblick wahr« wirklich nur an irgendeinem Augusttag des Jahres 1913, während eines Kuraufenthaltes in Arosa, als er zahlreiche Sentenzen solcher Art zur Veröffentlichung zu bündeln versuchte, ernst gemeint – oder gilt dieser Aphorismus heute noch? Könnte er nicht zutreffend geblieben sein über den Moment seiner Fixierung hinaus?

Eine ziemlich banale Suggestiv-Frage. Einerseits: Auch wenn man einräumt, daß besagter Aphorismus aus einer ganz spezifischen Gestimmtheit kam, wird die Feststellung in anderem Zusammenhang doch nicht plötzlich falsch. Gewiß: Vielleicht hatte Morgenstern sich über die Leichtigkeit und Leichtfertigkeit, mit der flotte Spötter ihnen Unzugängliches zu karikieren vermögen, gerade besonders geärgert bei seinem inständigen und vergeblichen Bemühen, kaltschnäuzigen Berliner Intellektuellen Rudolf Steiners Mysterien nahezubringen. Vielleicht hätte sich Morgenstern ein paar Jahre früher – etwa nach seiner brillanten parodistischen Karikierung, die er, der treffliche Parodist, Walt Whitmans Weltumarmungspathos bereitet hatte – auch ein wenig freundlicher über Parodien und Karikaturen geäußert. Derartige Sentenzen sind zweifellos an einen Moment, an eine kluge Aufwallung, eine Lebenssituation und Zeitstimmung gebunden. Als Morgenstern den Aphorismus »Eine Karikatur ist immer bloß einen Augenblick wahr« im Jahre 1913 ersann oder aus seinen Notizen herausfischte, da wußte man vom Weltkrieg, der ein Jahr später ausbrechen (und alles, die Menschen, ihr Fühlen, ihr Denken, radikal ändern) würde, nichts. Der Aphorismus war mithin historisch an eine Situation und einen Erfahrungsbestand gebunden, als Morgenstern ihn fixierte.

Dies das eine, banal Selbstverständliche.

Andererseits, genauso banal und selbstverständlich: Des Dichters Morgenstern Sätze sind, anders als Karikaturen, eben nicht immer »bloß einen Augenblick wahr«. Er *sagte* sie nicht nur – er *sagt* sie (uns) immer noch. Wären Morgensterns Worte allein zu ihrer Zeit, für ihre Zeit, belangvoll und stimmig gewesen, dann stellten sie heutzutage nichts anderes dar als »Stoff« für Forscher, Historiker, Germanisten. Dann wären sie für alle Nicht-Dissertanten, Nicht-Literarhistoriker mausetot, erledigt, abgetan.

Doch davon kann – diese »Imaginären Gespräche« wollen es demonstrieren – keine Rede sein! Was bedeutende Frauen und Männer vergangener Jahre oder Jahrhunderte einst geschrieben, gereimt, gesagt haben: es ist quicklebendig für uns. Man muß sie nur zu fragen wagen.

Ein Spiel. Nichts weniger. Hat man sich dazu entschlossen, dann fangen die Schwierigkeiten, auch die Entzückungen, überhaupt erst an. Zu den Regeln gehört, daß solche Gespräche niemals und nie enthüllenden, beschämenden, blamierenden Charakter annehmen dürfen. *Immer sollte die Antwort origineller, klüger, reicher sein als die Frage!* Denn nichts wäre ja leichter als besserwisserische, schadenfrohe Manipulation. Jeder halbwegs geschickte Dummkopf könnte einen Goethe blamieren mit boshaft gegeneinander ausgespielten Zitaten, gehässig arrangiertem »Authentischem«. Ich habe mich bemüht, den Gesprächspartnern stets nicht nur das letzte, sondern auch das bessere Wort zu lassen. Falls sie schimpfen, sich (es kommt nicht oft vor) polemisch verrennen – wie es de Sade oder auch Clara Schumann manchmal tun – dann sollte im Zorn doch zumindest die Originalität, die Unangepaßtheit, die vitale Frische deutlich werden.

Um Hunderte von Aussagen, Meinungen, Berichten in eine lebendige Gesprächsordnung zu bringen, war mehr nötig als nur geduldiges Hin- und Her-Lesen. Manchmal – für mich die glücklichsten Augenblicke, und ich wünschte, die »Imaginären Gespräche«, wie sie hier gesammelt sind, ließen es spüren – hatte ich mich so in die Partner hineingelesen, daß ich sie lebendig denken, argumentieren, persönlich-charakteristisch reagieren zu fühlen vermeinte. Wunderbar nah schien mir plötzlich zum Beispiel Matthias Claudius, dessen Herzlichkeit, Weisheit und grandiose Ehrlichkeit dem Tode gegenüber jeden Späteren tief bewegen müßte. Daß man in Weimar über die »völlige Null« Claudius lächelte, mag historische Gründe haben. Doch wem diese Weimarer Süffisanz den Dichter Matthias Claudius verstellt, der bringt sich um so manches, was nie einfacher, herzbewegender gesagt wurde in deutscher Sprache. Und journalistisch heiter dazu. Denn neben allem anderen war Claudius auch ein genialer Journalist...

Bei de Sade imponieren herostratischer Mut, belesener Scharfsinn und geschickte Argumentation, die alle privaten Exzesse schwer widerlegbar verteidigt mit dem vergleichsweise kleinen Schaden, den sie der Öffentlichkeit zufügen.

Je selbstverständlicher und flüssiger sich die Gespräche lesen, desto mehr Arbeit steckt weniger in der Antwort-Suche als vielmehr in der Fragen-Strategie. Denn im Gegensatz zu Oscar Wildes Trost: »Fragen sind nie indiskret – Antworten zuweilen«, standen ja hier die Antworten am Anfang; die Fragen traten vorsichtig hinzu mit dem Ziel, gleichwohl als Anfang zu wirken... Und noch eines: Jedesmal galt es, mit einer gewissen Befangenheitsscheu fertig zu werden. Sie war am größten bei Beethoven, der hier weniger Antworten gibt als erhaben-grimmige Monologe äußert.

Falls diese »Imaginären Gespräche« auch nur ein wenig von der Lebendigkeit und Kraft aller jener Menschen vermitteln könnten, mit denen sie geführt wurden, dann hätte es gelohnt, die Befangenheitsscheu zu überwinden, die Nachgeborenen bei einer solchen Geisterbeschwörung wohl ansteht.

München, im Februar 1991 Joachim Kaiser

Die hier mitgeteilten »Imaginären Gespräche« wurden – oft erheblich gekürzt – zuerst in der »Magazin«-Beilage der Süddeutschen Zeitung publiziert.

Skeptische Leser, die es für unmöglich halten, daß alle die Sätze, die hier von großen Toten vorgebracht werden, tatsächlich so überliefert sind, haben das Recht auf eine lückenlose Quellen-Dokumentation. Um die Gesprächstexte selber nicht mit allzuviel Zitier-Philologie zu belasten, wurde diese Dokumentation in den Anhang verbannt. Da wird der Reihe nach die Fundstelle für jede Antwort mitgeteilt, deren Anfangs-Worte *zitiert und aufgeschlüsselt werden. Sollte sich aber eine Antwort, was häufig der Fall ist, aus mehreren Zitaten zusammensetzen, dann stehen vor dem Neu-Einsatz drei Punkte in Klammern. Die darauf folgenden Worte sind also aus einem weiteren Zitat, dessen Quelle oder Fundstelle die Anmerkung wiederum mit den Anfangsworten angibt. Geringfügige grammatische Umstellungen nahm ich stillschweigend vor.*

»Es ist so bequem, unmündig zu sein.«

Imaginäres Gespräch mit Immanuel Kant

*Immanuel Kant (*1724 in Königsberg, †1804 in Königsberg)*

Joachim Kaiser (JK): Ihre Bewunderer und Schüler, die Ihnen, Ihrem Scharfsinn und Ihrer Unerschrockenheit unendlich verpflichtet sind, haben Ihre vollkommene Lauterkeit gepriesen. »Wohl keinem Philosophen nach Kant können wir in dem Maße glauben wie ihm. In seiner einfachen Größe waltet Ruhe und Maß«, schwärmte Ihr Bewunderer Karl Jaspers. Sie machten Königsberg zum Zentrum der philosophischen Welt. Warum haben Sie eigentlich nicht geheiratet?

Immanuel Kant (IK): Das Weib wird durch die Ehe frei; der Mann verliert dadurch seine Freiheit (...) Die Frau will herrschen, der Mann beherrscht sein (vornehmlich vor der Ehe). Daher die Galanterie der alten Ritterschaft. – Sie setzt früh in sich selbst Zuversicht, zu gefallen. Der Jüngling besorgt immer zu mißfallen und ist daher in Gesellschaft der Damen verlegen (geniert).

JK: Sie sind offenbar nicht grundsätzlich gegen die Ehe, die Sie unsentimental und kühl als »Verbindung zweier Personen verschiedenen Geschlechts zum lebenswierigen wechselseitigen Besitz ihrer Geschlechtseigenschaften« definierten.

IK: *Wer liebt,* kann dabei doch wohl noch *sehend* bleiben; der sich aber *verliebt,* wird gegen den Fehler des geliebten Gegenstandes unvermeidlich blind; wiewohl der letztere acht Tage nach der Hochzeit sein Gesicht (seine Sehkraft) wieder zu erlangen pflegt.

JK: Und daß die beiden Ehepartner sich zusammenfinden, »zusammenraufen«, gegenseitig erziehen...

IK: Die moralischen Eigenschaften an einem, vornehmlich jungen, Manne *vor* der Ehelichung desselben auszuspähen, ist nie die Sache einer Frau. Sie glaubt ihn bessern zu können;

eine vernünftige Frau, sagt sie, kann einen verunarteten Mann schon zurechte bringen; in welchem Urteile sie mehrenteils sich auf die kläglichste Art betrogen findet. Dahin gehört auch die Meinung jener Treuherzigen: daß die Ausschweifungen dieses Menschen vor der Ehe übersehen werden können, weil er nun an seiner Frau, wenn er sich nur noch nicht erschöpft hat, hinreichend für diesen Instinkt versorgt sein werde. – Die guten Kinder bedenken nicht: daß die Lüderlichkeit in diesem Fache gerade im Wechsel des Genusses besteht, und das Einerlei in der Ehe ihn bald zur obigen Lebensart zurückführen werde. Die Folge davon ist, wie in Voltairens Reise des Scarmentado: »Endlich, sagt er, reisete ich in mein Vaterland Candia zurück, nahm daselbst ein Weib, wurde bald Hahnrei: und fand, daß dies die gemächlichste Lebensart unter allen sei.«

JK: Voltaires Mischung aus Ironie und Zynismus klingt sehr literarisch und französisch. Ein seriöser deutscher Gelehrter aber...

IK: Gelehrte lassen sich in Ansehung der häuslichen Anordnungen gemeiniglich gern von ihren Frauen in der Unmündigkeit erhalten. Ein unter seinen Büchern begrabener Gelehrter antwortete auf das Geschrei eines Bedienten, es sei in einem der Zimmer Feuer: »ihr wißt, daß dergleichen Dinge für meine Frau gehören« (...) In der Liebe haben der Deutsche und der Engländer einen ziemlich guten Magen, etwas fein von Empfindung, mehr aber von gesundem und *derben Geschmacke*: Der Italiener ist in diesem Punkte *grüblerisch*, der Spanier *phantastisch*, der Franzose *vernascht*.

JK: Sie haben der Welt die Aufklärung erläutert, haben die Menschen ermutigt, sich ihres eigenen Verstandes zu bedienen. Warum neigen die Belehrten trotzdem dazu, in Wahn und Barbarei zu versinken?

IK: Faulheit und Feigheit sind die Ursachen, warum ein so großer Teil der Menschen... zeitlebens unmündig bleiben; und warum es anderen so leicht wird, sich zu deren Vormündern aufzuwerfen. Es ist so bequem, unmündig zu sein. Habe ich ein Buch, das für mich Verstand hat, einen Seelsorger, der für mich Gewissen hat, einen Arzt, der für mich die Diät beurteilt, u. s. w.: so brauche ich mich ja nicht selbst zu bemühen. Ich habe nicht nötig zu denken, wenn ich nur bezahlen kann; andere werden das verdrießliche Geschäft schon für mich übernehmen. Daß der bei weitem größte Teil der Menschen (darunter das ganze schöne Geschlecht) den Schritt zur Mündigkeit, außer dem daß er beschwerlich ist, auch für sehr gefährlich halte: dafür sorgen schon jene Vormünder, die die Oberaufsicht über sie gütigst auf sich genommen haben (...) Man kann ein... Gelehrter (Maschine zur Unterweisung anderer, wie man selbst unterwiesen worden) und, in Ansehung des vernünftigen Gebrauchs seines historischen Wissens, dabei doch sehr *borniert* sein (...) Allein es ist einmal das Los des menschlichen Verstandes so bewandt; entweder er ist grüblerisch und gerät auf Fratzen, oder er haschet verwegen nach zu großen Gegenständen, und bauet Luftschlösser.

JK: Und was soll ein Philosoph statt dessen tun?

IK: Das Feld der Philosophie in dieser weltbürgerlichen Bedeutung läßt sich auf folgende Fragen bringen: 1) *Was kann ich wissen?* 2) *Was soll ich tun?* 3. Was darf ich hoffen? 4) Was ist der Mensch?

Die erste Frage beantwortet die *Metaphysik*, die zweite die *Moral*, die dritte die *Religion*, und die vierte die *Anthropologie*... Der Philosoph muß also bestimmen können 1) Die Quellen des menschlichen Wissens 2) den Umfang des möglichen und nützlichen Gebrauchs alles Wissens und endlich 3) Die Grenzen der Vernunft. Das letztere ist das Nötigste, aber auch das Schwerste (...) Unser Zeitalter ist das eigentliche Zeitalter der *Kritik*, der sich alles unterwerfen muß. *Religion,* durch ihre *Heiligkeit*, und *Gesetzgebung*, durch ihre *Majestät*, wollen sich gemeiniglich derselben entziehen. Aber alsdenn erregen sie gerechten Verdacht wider sich, und können auf unverstellte Achtung nicht Anspruch machen, die die Vernunft nur demjenigen bewilligt, was ihre freie und öffentliche Prüfung hat aushalten können.

JK: Kann man die Vernunft so rückhaltlos zur Königin erheben?
IK: Ich habe wegen meiner flachen und engen Brust, die für die Bewegung des Herzens und der Lunge wenig Spielraum läßt, eine natürliche Anlage zur Hypochondrie, welche in früheren Jahren bis an den Überdruß des Lebens grenzte. Aber die Überlegung, daß die Ursache dieser Herzbeklemmung vielleicht bloß mechanisch und nicht zu heben sei, brachte es bald dahin, daß ich mich gar nicht an sie kehrte, und während dessen, daß ich mich in der Brust beklommen fühlte, im Kopf doch Ruh und Heiterkeit herrschte, die sich auch in der Gesellschaft, nicht nach abwechselnden Launen (wie Hypchondrische pflegen), sondern absichtlich und natürlich mitzuteilen nicht ermangelte... Die Beklemmung ist mir geblieben; denn ihre Ursache liegt in meinem körperlichen Bau. Aber über ihren Einfluß auf meine Gedanken und Handlungen bin ich Meister geworden, durch Abkehrung der Aufmerksamkeit von diesem Gefühle, als ob es mich gar nicht anginge.
JK: Sie wurden wegen Ihrer Disziplin bestaunt, aber auch wegen Ihrer Konsequenz gefürchtet. Sie galten, weil Sie die Grenzen dessen zogen, was unser Verstand sinnvoll begreifen kann, als »Alleszermalmer«.
IK: Religion zu haben ist Pflicht des Menschen gegen sich selbst (...) Eine Religion, die der Vernunft unbedenklich den Krieg ankündigt, wird es... gegen sie nicht aushalten...
JK: Und was ersehnten Sie jenseits der Vernunft?
IK: Eine Glückseligkeit, welche die Vernunft nicht einmal zu erwünschen sich erkühnen darf, lehret uns die Offenbarung mit Überzeugung hoffen. Wenn denn die Fesseln, welche uns an die Eitelkeit der Kreaturen geknüpft halten, in dem Augenblicke, welcher zu der Verwandelung unsers Wesens bestimmt worden, abgefallen sein, so wird der unsterbliche Geist, von der Abhängigkeit der endlichen Dinge befreiet, in Gemeinschaft mit dem unendlichen Wesen, den Genuß der wahren Glückseligkeit finden.

JK: So rauschhaft schwärmten Sie nur in Ihrer jugendlichen, »vor«-kritischen Zeit. Später bekämpften sie dann solche genialischen, grandiosen Impulse Ihrer Seele.
IK: Die Natur hat den Schmerz zum Stachel der Tätigkeit in ... den Menschen ... gelegt, dem er nicht entgehen kann: um immer zum Bessern fortzuschreiten, und auch im letzten Augenblicke des Lebens ist die Zufriedenheit ... nie ... rein und vollständig (...) Wer einmal Kritik gekostet hat, den ekelt auf immer alles dogmatische Gewäsche ...

»Mit der Vergötterung wils nicht so recht fort.«

Imaginäres Gespräch mit der Frau Rat Goethe

Katharina Elisabeth Goethe, geb. Textor
*(*1731 in Frankfurt a. M., †1808 in Frankfurt a. M.)*

Joachim Kaiser (JK): »Vom Vater hab' ich die Statur, / Des Lebens ernstes Führen, / Vom Mütterchen die Frohnatur / Und Lust zu fabulieren« – hat Ihr großer Sohn gedichtet. Übertrieb er da, vielleicht des Reimes und seiner Seelenruhe wegen, ein wenig? Mußten Sie nicht, in kriegerischer Zeit, allein Ihr Dasein führen, feindliche und verbündete Soldaten einquartieren, als Ihr körperlich wie seelisch kränkelnder Ehemann nach langem Siechtum gestorben war? Mußten Sie sich nicht, kaum unterstützt vom fernen, weltberühmten Sohn, bemühen, Ihr großes Haus zu verkaufen, um in eine hübsche kleine Mietwohnung ziehen zu können? Sie hatten den Hausrat zur Auktion gegeben. Ja, Sie hatten, was die Goethe-Forscher bis auf den heutigen Tag bejammern, zentnerweise unersetzliche Dokumente auf die Papiermühle gegeben...

Frau Rat Goethe (FRG): Hercules misttete einmahl einen Stall aus, und wurde vergöttert – gemistest habe ich – aber mit der Vergötterung wils noch nicht so recht fort. Drey Centner Papier habe durchsucht – das wenige nützliche... habe beybehalten – das andre auf die Papirmühle verkauft...

JK: Ihr Sohn hat ja auch private Briefe und Dokumente immer wieder abgestoßen, *alte Schlangenhäute abgestreift*. Gewiß fiel es Ihnen schwer, auf Ihre älteren Tage nun plötzlich...

FRG: Mein Leben fließt still dahin wie ein klahrer Bach – Unruhe und Getümmel war von jeher meine sache nicht, und ich danke der Vorsehung vor meine Tage – Tausend würde so ein Leben zu einförmig vorkommen mir nicht, so ruhig mein Cörpper ist; so thätig ist das was in mir denkt – da kan ich so einen gantzen geschlagenen Tag gantz alleine zubringen, erstaune daß es Abend ist, und bin vergnügt wie eine Göttin –

und mehr als vergnügt und zufrieden seyn braucht man doch wohl in dieser Welt nicht.

JK: Sie liebten, ja vergötterten Ihren berühmten Sohn und schrieben ihm wirklich einmal, aufs alte Testament anspielend: »Jeder Brief der von dir kommt wird aus gebreitet und unter Danck Gott vorgelegt – das habe ich vom König Hiskia gelernt und habe mich 30 Jahr schon dabey wohl befunden.«

FRG: Ich weiß aus Erfahrung was das heißt Freude an seinem Kind erleben (...) Ewig werden mir die Worte der Seeligen Klettenbergern im Gedächnüß bleiben...

JK: Das war Susanna Catharina von Klettenberg, deren »Bekenntnisse einer schönen Seele« Goethe in »Wilhelm Meisters Lehrjahre« einfügte...

FRG: ... die Worte der Seeligen Klettenbergern im Gedächtnüß bleiben »Wenn dein Wolfgang nach Maintz reißet bringt Er mehr Kenntnüße mit, als andere die von Paris und Londen zurück kommen«.

JK: Sie meinen London?

FRG: Daß das Bustawiren und gerade Schreiben nicht zu meinen sonstigen Talenten gehört – müßt Ihr verzeihen – der Fehler lage am Schulmeister.

JK: Entschuldigung...

FRG: Diese Meße war reich an – Profeßsoren!!! Da... die Menschen sich einbilden ich hätte was zu dem großen Talendt beygetragen; so kommen sie denn um mich zu beschauen – da stelle ich denn mein Licht nicht unter den Scheffel sondern auf den Leuchter versichre zwar die Menschen, daß ich... zum großen Mann und Tichter... nicht das aller mindeste beygetragen hätte /: denn das Lob das mir nicht gebühret nehme ich nie an: / zudem weiß ich gar wohl wem das Lob und der Danck gebührt... Meine Gabe die mir Gott gegeben hast ist die lebendige Darstellung aller Dinge die in mein Wißen einschlagen, großes und kleines, Wahrheit und Mährgen u. s. w. so wie ich in einen Circul komme wird alles heiter und froh weil ich erzähle. Also erzählte ich den Profeßsoren und sie gingen und gehen vergnügt weg – das ist das gantze Kunststück. Doch noch eins gehört dazu – ich mache immer ein freundlich Gesicht, das vergnügt die Leute und kostest kein Geld: sagte der Seelige Merck.

JK: Selbst in den schlimmsten Kriegswirren verließen Sie Frankfurt nur kurz. Sie reisten wohl nicht sehr gern, und Ihr Sohn bedrängte Sie keineswegs, zu ihm nach Weimar zu kommen.

FRG: Wir sehen und hören... Tag-täglich nichts als Bomppen – Kuglen – Pulver Wägen – Blesirte – Krancke – Gefangne u. d. g. Tag und besonders Nachts gehts Canoniren beynahe an einem fort...

JK: Das waren die Truppen des französischen Revolutions-Generals Custine, der ins Rheinland eingefallen war, Mainz besetzt hatte, eine freie rheinische Republik gründen wollte und nun mit einer Allianz aus hessischen, österreichischen und preußischen Truppen in etwas phantastischer Fehde lag... Sie, Frau Rat, nahmen diesen Krieg anscheinend nicht allzu ernst?

FRG: Vor der Zeit sich grämen oder gar verzagen war nie meine Sache – auf Gott vertrauen – den gegenwärtigen Augenblick nutzen – den Kopf nicht verliehren – sein eignes werthes Selbst vor Kranckheit/: denn so was wäre jetzt sehr zur Unzeit:/ zu bewahren – da dieses alles mir von jeher wohlbekommen ist, so will ich dabei bleiben. Da die meisten meiner Freunde Emigriert sind – kein Comedienspiel ist – kein Mensch in den Gärten wohnt; so bin ich meist zu Hauße – da spiele ich Clavier ziehe alle Register paucke drauf loß, daß man es auf der Hauptwache hören kan – leße alles untereinander Musencalender die Welt Geschichte von Voltäre – vergnüge mich an meiner schönen Aussicht – und so geht der gute und mindergute Tag doch vorbey (...) Vor denen Frantzosen und ihrem hereinkommen hatte ich nicht die mindeste Furcht daß sie nicht Plündern würden war ich fest überzeugt – wozu also einpacken? ich ließe alles an ort und stelle und war gantz ruhig... den 12ten gegen Abend fing das Bombardement an wir setzen uns alle in die untere Stube unsers

Haußherrn wie es etwas nachließ ging ich schlafen – gegen 2 uhr früh morgens fings wieder an wir wieder aus den Betten – nun fing ich an auszuräumen nicht vor den Frantzosen aber wohl vor dem Feuer – in ein paar Stunden war alles im Keller biß auf die Eißerne Kiste die uns zu schwer war... Biß an diesen periodt war ich noch gantz berugigt – jetzt kamen aber so schreckliche Nachrichten wie der wie jener/: es waren Leute die ich kante:/ der von einer Haupitze Todt geschlagen, dem der Arm dem der Fuß vom Leibe weg u. d. g. nun fing mir an Angst zu werden und ich beschloß fortzugehn freylich nicht weit...

JK: Der Krieg brandete jahrelang hin und her...

FRG: Was ich sage daß die 20 tausend Mann Preußen zurück kommen? nichts anders als was einmahl ein Cardinahl dem Pabst der gantz erstaunt/: weil er in der größten stille in seinem Kloster gelebt hatte:/ über die menge Menschen die er am Tage seiner Erhöung vor sich sah antwortete als der Pabst ihn fragte: wovon leben diese alle? Ihro Heiligkeit sie bescheisen einander.

JK: Sie erlebten mit, wie das Heilige Römische Reich Deutscher Nation zusammenbrach.

FRG: Vor ohngefähr 20 Jahren sang Mefistovles im Docter Faust –: Das liebe heilige Römische Reich – wie hälts nur noch zu sammen?: Jetzt kan man es mit recht fragen. Die Churfürsten – Fürsten – laufen quir und quer – hin und her (...) Gestern wurde zum ersten mahl Kaiser und Reich aus dem Kirchengebet weggelaßen (...) Fröligkeit ist die Mutter aller Tugenden steht im Götz von Berlichingen. Wegen des Krieges wachssen mir auch keine graue Haare... wenn es in Weimar gut mit meinen Lieben geht und steht mich das lincke und rechte Reinufer weder um Schlaf noch appetit bringt...

JK: Bereitete es Ihnen Kummer, daß Goethe Ihre Schwiegertochter Christiane...

FRG: So ein Liebes – herrliches unverdorbenes Gottes Geschöpf findet mann sehr selten...

JK: ... erst 1806 auch heiratete, nachdem er im sittenstrengen

und klatschsüchtigen Weimar 18 Jahre ohne den Segen der Kirche mit ihr glücklich zusammengelebt?
FRG: Da unter diesem Mond nichts Vollkommenes anzutreffen ist, so tröste ich mich damit, daß mein Häschelhans vergnügt und glücklicher als in einer fatalen Ehe ist (...) Meine Enckelin Louise kommt im März in die Wochen – da werde ich nun Urgroßmutter! Um nun diesem Vorfall noch mehr Raritet zu geben, entschloß ich mich eine Arbeit vor zu nehmen, die/: ich wette mein Hab und Fahrt:/ seit der Erschaffung der Welt/: ein starck Stück:/ keine Urgroßmutter verfertigt hat: nämlich die Spitzen an das Kindszeug die Häubger und Ermelger zu klöpplen – und nicht etwa so lirum larum, nein, sondern ein Brabanter Muster 3 Finger breit und wohl zu bemercken *ohne Brille*!
JK: Neben alledem waren Sie auch begeisterte, fachkundige Opern- und Schauspielbesucherin.
FRG: Neues gibts hir nichts, als daß die Zauberflöte 18 mahl ist gegeben worden – und daß das Hauß immer geproft voll war – kein Mensch will von sich sagen laßen – er hätte sie nicht gesehn – alle Handwercker – gärtner – ja gar die Sachsenhäußer – deren ihre Jungen die Affen und Löwen machen gehen hinein so ein Specktackel hat man hir noch nicht erlebt – das Hauß muß jedesmahl schon vor 4 uhr auf seyn – und mit alledem müßen immer einige hunderte wieder zurück die keinen Platz bekommen können – das hat Geld eingetragen! (...) Die Oper Cosa van Tutti – oder so machen sies alle – soll in Weimar so sehr viel durch den verbeßerten Text gewonnen haben – denn den wir hir haben der ist abscheulich (...) *Weimar* ist der wahre Sitz der Mußen das Teusche Athen – die glücklichen Einwohner können ihren Geschmack recht bilden... den meisten meiner Landsleute ist der Bauch ihr Gott... vor das Geld ihrer Gastereyen könte die größte Mahler und Zeichnungs Academi unterhalten werden – und diese Bachanalien sehen der Langeweile so ähnlich, wie ein Troppen Wasser dem andern. Genug von diesem elenden Geschlecht (...) Wohl mögte ich einmal das Weimarer Theater

das überall berühmt ist sehen – aber du Lieber Gott!! Ich und Reißen!! Ich wünscht ich hätte Frau von la Roche Ihren Muth und Ihre Reiße seligkeit, den habe ich aber nicht, und da wird es wohl so bei dem alten bleiben.

JK: Sonst keinen Wunsch an das Schicksal?

FRG: Wolte Gott ich könte alle Menschen froh und glücklich machen, dann solte mir erst recht wohl seyn.

»Die Schönheit lädt zur Weichheit ein.«

Imaginäres Gespräch mit dem Marquis de Sade

Donatien-Alphonse-François Marquis de Sade
*(*1740 in Paris, †1814 in Charenton/Paris)*

Joachim Kaiser (JK): Es war nicht möglich, Sie totzuschweigen, was die Ordnungshüter in aller Welt wegen der blasphemischen und obszönen Wildheit Ihres Werkes wohl nur zu gern geschafft hätten. Die *schwarze* Romantik feierte Sie, Sie wurden zum »göttlichen Marquis«. Im 20. Jahrhundert, nach der Epoche des Surrealismus, als deren Ahnherr Sie galten, haben Frankreichs feinste Federn vornehm Ihren Werken gehuldigt, als ginge es da immer nur um verwegene Gedanken, um obszöne Kühnheiten – und nicht auch um Blutrünstigkeit, Sodomie, rituellen Massenmord, tödliche Qual. Gustave Flaubert hat Ihre Blasphemien in eine christliche Tradition gestellt: »De Sade ist das letzte Wort des Katholizismus... das ist der Geist der Inquisition, der Geist der Folter, der Geist der mittelalterlichen Kirche, der Schreck vor der Natur«... Wie stehen Sie dazu, »*göttlicher* Marquis«?
Marquis de Sade (MdS): Was nun dieses schöne Hirngespinst angeht, das man mit dem Namen Gott belegt, so sind wir nichts anderes als diese Gesellschaft von Blinden. Wir haben uns etwas vorgestellt, das wir für notwendig hielten, dem aber keine andere Existenz zukommt, als das Bedürfnis, das wir empfanden, es zu schaffen. Alle Prinzipien der menschlichen Moral würden, mit dem gleichen Zirkel gemessen, in gleicher Weise zunichte werden; denn da alle diese Pflichten nur Konventionen sind, sind sie ebenfalls samt und sonders Hirngespinste (...) Ich habe meine Verirrungen stets durch Verstandesargumente untermauert. Ich bin nicht beim Zweifel stehengeblieben: Alles, was meine Vergnügungen hätte stören können, habe ich in meinem Herzen besiegt, herausgerissen, vernichtet.
JK: Aber haben Sie nicht ganz ohne jede Begründung mit

Schaum vorm Mund vom »gemeinen Betrüger von Nazareth« geschrieben und von seiner »dreckigen Mutter«?

MdS: Jesus hat nichts Eigenartigeres getan als Apollonius von Tyana; und doch fällt es niemandem ein, diesen für einen Gott zu halten (...) Was die Wunder betrifft, so beeindrucken sie mich keineswegs stärker. Alle Betrüger haben Wunder vollbracht, und alle Dummköpfe haben sie geglaubt (...) Es bedarf nur des Enthusiasmus und der Hartnäckigkeit, um Märtyrer zu schaffen; und da die entgegengesetzte Sache genauso viele Märtyrer zu bieten hat (...) bin ich gewiß niemals berechtigt, der einen Seite mehr Glauben zu schenken als der anderen... Die Frömmigkeit ist eine wahrhaftige Krankheit der Seele (...) Ich erhebe meine Augen zum Universum, ich sehe das Böse, die Unordnung und das Verbrechen dort allenthalben regieren durch den Arm von Despoten. Ich senke meine Augen nieder auf das interessanteste Wesen dieses Universums, und ich finde es gleichfalls voller Laster, Widersprüche und Niederträchtigkeit... Das, was wir fälschlich das Böse nennen, ist es in Wirklichkeit gar nicht (...) Seien wir uns darüber im klaren, daß das Böse oder doch das, was wir so bezeichnen, absolut nützlich für die fehlerhafte Organisation dieses traurigen Universums ist. Der Gott, der es erschaffen hat, ist ein sehr rachsüchtiges, grausames, böses, ungerechtes, unmenschliches Wesen...

JK: Das klingt, als wollten Sie sich an den Menschen und am Christentum dafür rächen, daß Sie Gott hassen und die von ihm so fehlerhaft organisierte Welt?

MdS: Unser Verlangen nach großen Verbrechen ist stets drängender als das nach kleinen.

JK: Damit mögen Sie etwas psychologisch seltsam Richtiges getroffen haben. Jean-Jacques Rousseau...

MdS: ... dem die Natur an Anmut und Empfindsamkeit mitgab, was sie sonst nur Voltaire an Geist verliehen hatte...

JK: ... meint am Anfang seiner »Bekenntnisse« ja auch, daß man sich kleiner, mieser Laster viel mehr geniere als gewaltiger, mörderischer Untaten. Alles Extreme – im Guten wie

im Bösen – hat nämlich immer sogleich eine gewissermaßen philosophische Dimension und Relevanz. Nur die mittlere, bürgerliche Zucht oder Unzucht wirkt immer gleichermaßen harmlos und unbeträchtlich.
MdS: Die Sonne ergreifen, sie der Welt wegnehmen oder uns ihrer bedienen, um die Welt in Flammen zu setzen. Ja, das wären wirkliche Verbrechen!
JK: Eigentlich sind Sie im Hauptberuf weder Verbrecher noch Provokateur, sondern – wenn man die Fülle Ihrer Werke, Ihre Romane und zahlreichen Dramen überschaut – lebenslänglich Schriftsteller. Sie wurden, als Gefangener, maßlos. Ihre Frau schickte Riesenmengen von Lebensmitteln. Sie aßen sich fett und feist. Weil Sie nichts mehr erlebten, machten Sie die Phantasie zu Ihrer Welt, unersättlich beim Schreiben und Essen. Sie waren ein Schriftsteller, der wegen Schulden, wegen der Erregung phantastischen öffentlichen Ärgernisses mehrfach ins Gefängnis kam und endlich in die Irrenanstalt. Während der Französischen Revolution ließ man sie frei – Sie stellten sich sogar an die Spitze einer Gruppe, verfaßten politische Schriften, versuchten, den Terror zu dämpfen.
MdS: Ich war in der Bastille, als die Generalstände sich versammelten. Die glücklichen Folgen dieses Ereignisses, sogar die ganze Revolution, hatte ich vorausgesehen... Wie einen nackten Wurm holte man mich in der Nacht vom 3. auf den 4. Juli heraus. Ich wurde neun Monate in die Verliesse von Charenton gesteckt. Die Revolution fand mich dort und ließ mich heraus; ihr verdanke ich daher alles. Ich schätzte sie vorher aus Überzeugung, jetzt aber verehre ich sie aus Dankbarkeit.
JK: Und die unerhörten Menschenopfer der Revolution?
MdS: Die Franzosen... wissen wohl, daß... Freiheit nur erreichbar ist, indem man sich weiterhin einigen Mißständen unterwirft. Aber diese Mißstände, diese Fehler geschehen nur im Hinarbeiten auf die neue Sache zu und sind nicht mehr wie ehedem Fehler der Sache an sich; und dieser für uns alle

spürbare Unterschied tröstet uns, da auch das Ende dieser Fehler für uns absehbar ist.

JK: Peter Weiss hat ein viel gespieltes Stück über Sie geschrieben, dessen geheime Heldin jene Charlotte Corday ist, die den Marat in seiner Wanne ermordete.

MdS: Marats rohe Meuchelmörderin, die jenen zwitterhaften Wesen gleicht, denen man kein Geschlecht zuerkennen kann, wurde zur Verzweiflung beider Geschlechter aus der Hölle gespien... Ein Leichentuch soll für immer ihr Andenken verhüllen. Vor allem darf man ihr Bildnis nicht unter dem entzückenden Zeichen der Schönheit zeigen... Ihr leichtgläubigen Künstler, zerbrecht, zerreißt und verzerrt die Gestalt dieses Ungeheuers...

JK: Womit wir bei der Literatur wären. Hat es Ihnen während der Revolutionszeit nicht geschadet, daß Sie einer der damals verhaßten Aristokraten gewesen sind und doch an die Öffentlichkeit zu treten wagten?

MdS: Man wirft mir vor, adlig zu sein, das ist falsch. Wenn eine Familie ein Adelslehen erwirbt, so ist ihr damit noch kein Adel verliehen. Und wenn es, weil ich ein Adelslehen besitze, einigen Sklaven des Ancien Régime gefiel, meinen Namen entgegen meinem Willen mit einem Titel zu verbinden, den ich nie besaß, so ist das nicht meine Schuld... Der Jakobinerklub hat eines meiner Stücke im Théâtre Italien zum Durchfall gebracht, nur weil es von einem verflossenen Adeligen verfaßt war. Sie erschienen mit roten Wollmützen (...) Sie haben es vierzehn Tage lang so getrieben, bis der Bürgermeister diese Übergriffe endlich unterbinden konnte; aber es blieb mir vorbehalten, das erste Opfer zu sein. Für solche Dinge bin ich eben prädestiniert.

JK: Und Ihre literarische Arbeit?

MdS: Ich beschäftige mich viel mit Literatur (...) Die wesentlichste Erkenntnis, die der Roman erfordert, ist sicher die des menschlichen Herzens (...) Man muß Menschen aller Nationen gesehen haben, um sie gut zu kennen, und man muß ihr Opfer gewesen sein, um sie einschätzen zu können

(...) Die englischen Romane... die kraftvollen Werke Richardsons und Fieldings brachten den Franzosen bei, daß man nicht durch die Schilderung faden Liebesschmachtens oder langweiliger Salonkonversation erfolgreich ist, sondern allein durch die Darstellung männlicher Charaktere... Von den Engländern haben wir fernerhin gelernt, daß man nicht immer Interesse erweckt, wenn man die Tugend triumphieren läßt... Wenn wir dagegen sehen, wie die Tugend nach Überwindung härtester Prüfungen schließlich dennoch vom Laster niedergerungen wird, so erschüttert dies unser Gemüt aufs tiefste (...) Aber die Schönheit, widersprach mir ein Dummkopf... lädt zur Weichheit ein, zum Verzeihen. Wie kann man den Tränen eines hübschen Mädchens widerstehen, das mit gebundenen Armen den Henker anfleht? Wahrhaftig, das eben ist ja, was man verlangt, aus diesem Zustand schöpft der Libertin seine köstlichsten Freuden... Die Leidenschaft der Geilheit will gestillt werden. Sie fordert, sie tyrannisiert, und sie soll dementsprechend befriedigt werden... Die Schönheit, die Tugend, die Unschuld... erregt uns nur noch mehr.
JK: Das klingt wie ein Programm für Ihre Romane, zumal für Ihr bekanntestes Buch »Justine, oder die Mißgeschicke der Tugend«. Doch wie fürchterlich weit gingen Sie, als Sie bei immer neuen Fassungen der »Justine« – um noch relativ Harmloses zu zitieren – beispielsweise Folgendes entwarfen: »Rodin läßt sich von seiner Schwester peitschen, wobei es ihn nach Justine gelüstet, danach peitscht er seine Schülerinnen und Schüler.« Oder: »Rodin kreuzigt einen Priester aus Rache, dann peitscht er ihn, nachdem er ihn von Frauen hat entkräften lassen und erledigt ihn schließlich mit Messerstichen. Rodin gibt zu, daß er und sein Professor Experimente an lebenden Menschen durchgeführt haben.« Klingt das nicht wie blutrünstige Wahn-Phantasie? Hat das nicht den düsteren Ernst einer Zeremonie? Ist es nicht über jedes Maß hinaus übertrieben?
MdS: Das geringste Lachen, der geringste Mangel an Aufmerksamkeit, Achtung oder Unterwerfung während der La-

sterszenen ist eine der schwersten Verfehlungen und wird am grausamsten gesühnt.

JK: Sie versuchten Ihre Forciertheiten zu rechtfertigen, indem Sie erklärten, wer übertreibe, warne um so nachdrücklicher. Sie hassen Gott, Sie hassen die Frauen, weisen immer wieder höhnisch auf die Dominanz von Knabenliebe und Homosexualität im alten Griechenland und in Rom hin. Für die Lust tauge ein Knabe mehr als ein Mädchen, ist Ihr anales und banales Credo. Gewiß, bei alledem haben Sie kühn und vor anderen durchschaut, daß zur Sexualität auch Egoismus, Grausamkeit und tyrannisches Herrschen-Wollen gehören können.

MdS: Alle Leidenschaften haben einen zwiefachen Sinn... für die Opfer sind sie sehr ungerecht, für den jedoch, der sie ausübt, ganz und gar gerecht.

JK: Führt das nicht zu brutaler, barbarischer Anarchie?

MdS: Es sind nicht die Meinungen oder Laster der Einzelpersonen, die dem Staat schaden, sondern die Sitten des Staatsdieners.

JK: Daran mag etwas sein. Diktatorische Staaten, menschenverachtende Beamten, Gesetze, Verfassungen haben schlimmere Folgen als private Laster. Eine kluge französische Autorin, Simone de Beauvoir, stellte fest, Menschen, »die sich damit begnügen, von Zeit zu Zeit ein Mädchen auszupeitschen, richten weniger Schaden an« als ein korrupter Politiker. Trotzdem, so fährt Simone de Beauvoir fort, könne man mit Ihnen nicht sympathisieren. »Denn schließlich will er mein Unglück, meine Unterwerfung, meinen Tod.« – Was freilich alle *öffentliche, staatlich sanktionierte Grausamkeit* betrifft, so billigen Sie diese keineswegs: Nicht die Todesstrafe der Justiz, nicht die blutige Macht der Tyrannei. Napoleon griffen Sie an, was Ihnen sehr schaden sollte. Später, 68jährig, schrieben Sie ihm am 17. Juni 1808 einen unterwürfigen Brief, in dem Sie ihn, natürlich vergeblich, um die Freilassung aus Charenton baten. Warum erniedrigten Sie sich zu dieser Bitte?

MdS: Das Alter ist selten angenehm, denn es ist die Zeit des Lebens, in der man die Mängel nicht mehr verbergen kann... Die meisten Charaktere erleiden Schiffbruch, bevor sie ans Ende des Lebens gelangen, und so findet man bei alten Menschen oft nur noch eine entwürdigte und gequälte Seele, die wie ein drohendes Gespenst die halb zerstörten Körper bewohnt. Wenn dagegen ein edles Leben das Alter vorbereitet hat, so führt diese Zeit nicht mehr den Verfall vor Augen, sondern sie stellt dann den Anfang der Unsterblichkeit dar.
JK: Es läßt sich nicht leugnen, *unsterblich* sind Sie geworden. Ihr Name avancierte zu einem wichtigen Begriff der Psychopathologie: »Sadismus«. Was aber das *edle* Leben betrifft, so wandte sich die gesittete Welt angeekelt ab...
MdS: Bringt mich entweder um, oder nehmt mich, wie ich bin, denn der Teufel soll mich holen, wenn ich mich jemals ändere... Ich bin der rechtschaffenste, aufrichtigste und feinfühligste Mensch, der weichherzigste und wohltätigste, ich bete meine Kinder an, für deren Glück ich durchs Feuer gehen würde, ich bin auf das allerängstlichste bemüht, weder ihre Sitten noch ihren Geist zu verderben, noch sie meine Philosophie annehmen zu lassen, ich liebe meine Eltern, die Freunde (die mir verblieben sind), meine Frau... Das also sind meine guten Eigenschaften – und meine schlechten: unbeherrscht, zornig, stets leicht aufbrausend, sittlich von einer Schrankenlosigkeit der Phantasie ohnegleichen und Atheist bis zum Fanatismus. Das bin ich in zwei Worten...

»Wir Menschen gehen doch wie im Dunkeln.«

Imaginäres Gespräch mit Matthias Claudius

Matthias Claudius
*(*1740 in Reinfeld, Kreis Stormarn, †1815 in Hamburg)*

Joachim Kaiser (JK): Jeder Deutsche, der überhaupt je ein Gedicht auswendig gelernt hat, kennt Ihr wunderbar reines Abendlied »Der Mond ist aufgegangen« mit der rührend schönen Schlußstrophe: »Verschon uns, Gott, mit Strafen / Und laß uns ruhig schlafen! / Und unsern kranken Nachbarn auch!« – wo der Singende nicht nur für sich bittet, sondern auch für den kranken Nachbarn. Sie gelten als naiver christlicher Schriftsteller, der nicht zu schmerzlichen Zerrissenheiten, sondern eher zu einer gläubigen Heiterkeit neigte. Sie konnten bemerkenswert viele Sprachen. Lateinisch und Griechisch, wie es sich für einen Pfarrerssohn gehörte. Außerdem freilich noch Französisch, Italienisch, Englisch, Dänisch, Holländisch sowie ein wenig Schwedisch und Spanisch. Obwohl Sie, Jahrgang 1740, ins Zeitalter der Aufklärung hineingeboren wurden, standen sie dem Vernunftstolz der Rationalisten distanziert gegenüber. Ihre Zeitschrift »Der Wandsbecker Bothe«, die Sie herausgaben und in der Sie Kritiken, Gedichte, Abhandlungen, Übersetzungen, auch Scherze und Glossen veröffentlichten, wandte sich in einer ganz unverkünstelten Sprache an das Volk, an die Bürger... Wilhelm von Humboldt, der Sie besucht hatte, sagte zu Schiller, Sie seien »eine völlige Null«, was der brühwarm an Goethe weitergab. Dabei hatten Sie in Jena Theologie, Jura und Staatswissenschaften studiert, wenn auch ohne Abschluß, wie es sich für einen geborenen Schriftsteller gehört.

Matthias Claudius (MC): Heutiges Tages sagen und schreiben viele Gelehrte mehr als sie wissen, in den alten Zeiten wußten einige mehr als sie schrieben (...) Bin auch auf Unverstädten gewesen, und hab' auch studiert. Ne, studiert hab' ich nicht, aber auf Unverstädten bin ich gewesen, und weiß von allem Bescheid. Ich ward von ungefähr mit einigen Studenten bekannt, und die haben mir die ganze Unverstädt gewiesen, mich allenthalben mitgenommen, auch ins Kollegium. Da sitzen die Herren Studenten alle... auf Bänken wie in der Kirch', und am Fenster... sitzt 'n Professor oder so etwas, und führt über dies und das allerlei Reden, und das heißen sie denn dozieren... Das war'n Magister, und hatt' eine große krause Parüqe auf'm Kopf, und die Studenten sagten, daß seine Gelehrsamkeit noch viel größer und krauser, und daß er unter der Hand ein so kapitaler Freigeist sei, als irgend einer in Frankreich und England... So demonstriert' er zum Exempel, daß 'n Student 'n Student und kein Rhinozeros sei. Denn, sagt er, 'n Student ist entweder 'n Student oder 'n Rhinozeros; nun ist aber 'n Student kein Rhinozeros, denn sonst müßt'n Rhinozeros auch 'n Student sein; 'n Rhinozeros ist aber kein Student, also ist 'n Student 'n Student. Man sollte denken, das verstünd' sich von selbst, aber unsereins weiß das nicht besser.

JK: Gewiß gibt es Philosophen, die meinen, sie könnten mit logischen Kunststücken alles beweisen. Sie dulden kein Geheimnis...

MC: Wie es nun überhaupt mit Geheimnissen ist; wer sie nicht weiß, der erklärt sie, und wer sie erklärt, der weiß sie nicht. Erzwingen und mit Gewalt nehmen lassen sie sich nicht; wer sie aber zu verdienen sucht und sich den Besitzer zum Freunde zu machen weiß, der erfährt sie bisweilen.

JK: Sind Sie so mißtrauisch gegenüber aller Aufklärung?

MC: Der Mensch... ist beweglich! ... Es fällt niemand ein, von der Aufklärung der Walfische... zu sprechen; aber sie sprechen alle von der »Erziehung des Menschengeschlechts« von seiner moralischen Bildung und Veredelung von finstern und erleuchteten Jahrhunderten u. s. w. ... Nun ein Teil vom Menschen gehört mit zu der Natur, und in so weit folgt er ihren Gesetzen. Es muß denn also in ihm zugleich noch etwas anderes sein als in der ganzen Natur. Schon auswendig übt der Mensch eine Art von Herrschaft über die Natur aus, und er scheint auch vor allen sichtbaren Geschöpfen dazu berufen zu sein.

JK: Bedeutet das nicht auch, der aufgeklärte Mensch sei berufen, sein Schicksal in die Hand zu nehmen?

MC: Wir Menschen gehen doch wie im Dunkeln, sind doch verlegen in uns, und können uns nicht helfen, und die Versuche der Gelehrten es zu tun sind nur brotlose Künste. Auch ist das Gefühl eigener Hülflosigkeit zu allen Zeiten das Wahrzeichen wirklich großer Menschen gewesen...

JK: So arrogant-unfreundlich Wilhelm von Humboldt über Sie gesprochen hat – ein ungemein kritischer Kopf wie der große Wiener Satiriker Karl Kraus hat Sie später als einen der »allergrößten deutschen Dichter« bezeichnet und hinzugefügt, ein Volk, »dem ein solcher Dichter verschollen ist, das ihn im Lesebuch begraben hat und so von ihm weglebt«, sei »reif für Zwangsarbeit«.

MC: Ich weiß besser als irgendein geneigter Leser, wie wenig daran verloren wäre wenn meine Werke so unbekannt blieben als ich selbst bin.

JK: Dabei machte Ihnen doch der Journalismus »artigen« Spaß, auch wenn Sie nur wenige Abonnenten hatten und oft in Geldnöten steckten. Sie feierten gern und vergnügt mit Ihrer großen Familie. Als es ökonomisch nicht mehr weiterging, nahmen Sie eine gesicherte Stelle als Oberlandeskommissarius in Darmstadt an, die Herder Ihnen vermittelt hatte. Aber im Hessischen und im Beamten-Milieu hielten Sie es nicht lange aus. Aufatmend kehrten Sie schon nach einem Jahr in Ihre Wandsbecker Genügsamkeit zurück. Als Staatsbürger waren Sie weder ein bedingungslos ergebener Anhänger feudalen und imperialen Herrschertums...

MC: Gut sein! Gut sein! ist viel getan,
Erobern, ist nur wenig;
Der König sei der bess're Mann,
Sonst sei der bess're, König!

JK: ... noch auch, trotz Ihres begeisterten deutschen Patriotismus, von irgendwelchen grob militaristischen oder ritterlich-kriegerischen Ideen eingenommen.

MC: Was hülf' mir Kron' und Land
und Gold und Ehre?
Die könnten mich nicht freun!
s' ist leider Krieg – und ich begehre
Nicht schuld daran zu sein!

JK: Trotz derartiger Überzeugungen wurden Sie manchmal als betulich und konservativ abgetan. Dabei sind Sie ein Zeitkritiker, auch ein genialer Journalist gewesen, der sich viel Gutgelauntes einfallen ließ, um Leser zu gewinnen und zu fesseln. So kamen Sie auf die Idee, gewisse hochtönende Denksprüche alter Weisheitslehrer mit realistischen Randglossen wieder auf die Erde zurückzuholen. Den bedeutungsschwangeren Imperativ »Versprich nicht Großes; Tue was Großes« übersetzten Sie mit der nüchternen Randglosse: »Schwatze nicht von Weisheit, Sei weise.« Und zu einer erbaulichen Erörterung, wie glücklich jemand sei, dem die Götter Reichtum und Verstand geben, bemerkten Sie selbstironisch:

MC: Wem die Götter keins von beiden geben, der kann – Randglossen machen.

JK: Den damals berühmten orientalischen Kriegshelden Ali Bey besangen Sie, mit einem boshaften Seitenblick auf die Sensationspresse, spöttisch:

MC: Er verschmähte Wein und Weiber,
Ging nur Kriegesbahn,
Und war für die Zeitungsschreiber
Gar ein lieber Mann.

Aber nun ist er gefallen.
Daß er's doch nicht wär'!
Ach, von allen Beys, von allen
War kein Bey wie er.

Jedermann in Syrus saget:
»Schade, daß er fiel!«
Und in ganz Ägypten klaget
Mensch und Krokodil.

JK: Aus dem unschlagbar witzigen Reimpaar »fiel – Krokodil« mit der ironischen Assoziation der Krokodilstränen könnte man folgern, sie hätten zum Tode eine heiter gelassene Einstellung gehabt. Dabei steht Freund Hain, also der Tod, mit seiner Sense auf dem Titelblatt Ihrer gesammelten Werke. Immer wieder – auch im Gedicht »Der Tod und das Mädchen« – kommen Sie aufs Sterben-Müssen zu sprechen. War Ihnen der Tod etwas so Vertrautes?

MC: 'S soll Leute geben, heißen starke Geister, die sich in ihrem Leben den Hain nichts anfechten lassen, und hinter seinem Rücken gar wohl über ihn und seine dünnen Beine spotten. Bin nicht starker Geist; 's läuft mir, die Wahrheit zu sagen, jedesmal kalt über'n Rücken (...) Der Tod wird zwar als Knochen-Mann gemalt, aber er ist eigentlich kein Mann; sondern was wir Tod und Sterben in der Natur nennen, ist ein Effekt, eine Erscheinung, die, an dem Dinge das stirbt, durch andre Naturkräfte hervorgebracht wird. So weit also der Mensch der Natur angehört, kann er freilich durch die Kräfte der Natur sterben, und sie läßt sich auch ihr Recht nicht nehmen. Aber das etwas anders im Menschen wie sollte das durch die Kräfte der Natur sterben können?

JK: Welch seltsame Mischung aus Angst vor dem Tode, Vertrautheit mit ihm und glaubensstarker seelischer Unerschütterlichkeit!

MC: Die Leut' fürchten sich so vor einem Toten, weiß nicht warum. Es ist ein rührender heiliger schöner Anblick einer Leiche ins Gesicht zu sehen; aber sie muß ohne Flitterstaat sein. Die stille blasse Todesgestalt ist ihr Schmuck, und die Spuren der Verwesung ihr Halsgeschmeide, und das erste Hahnengeschrei zur Auferstehung.

JK: So waren es die Macht des Todes und die Kraft christlicher Verheißung, die Sie gegen alle Vernunft-Philosophie so zurückhaltend sein ließen?

MC: Die Philosophie ist gut, und die Leute haben Unrecht die ihr sogar hohnsprechen; aber Offenbarung verhält sich nicht zu Philosophie wie viel und wenig, sondern wie Himmel und Erde, oben und unten! (...) Vor einiger Zeit starb mir meine Mutter. Sie hielt vorher viel aus, still und gelassen wie sie immer war, und konnte nicht leben und nicht sterben. Einige Tage vor ihrem Ende reißten wir alle noch zu ihr, und standen da um ihr Bette und sahen sie an, einer so klug wie der andre. Ich wollte mir mein Herz gern trösten, und wollte ihr noch so gerne was zu Liebe tun; aber essen und trinken mochte sie nicht mehr, mochte auch sonst nichts mehr. Ich dachte an alle die großen und kleinen Erfindungen der Menschen... an die Seelen-Lehre, an Newtons Attractions-System, an die Allgemeine deutsche Bibliothek... aber es wollte mir alles nichts verschlagen – und Sie lag out of reach! lag am Abhang und sollte herunter! Und ich konnte nicht einmal sehen wo sie hinfiel. – – Da befahl ich Sie Gott, und gieng hinaus... und machte ein Sterbegebet daß sie's Ihr vorläsen. Es war meine Mutter und hatte mich immer so lieb gehabt, und ich konnte doch nicht anders... Wir sind nicht groß, und unser Glück ist, daß wir an etwas Grössers und Bessers glauben können.

JK: Sie waren den berühmten Autoren Ihrer Zeit ein Begriff und haben viele auch persönlich gekannt. Goethe spottete in den »Xenien«: »Irrtum wolltest du bringen und Wahrheit, o Bote von Wandsbeck; / Wahrheit, sie war dir zu schwer; Irrtum, den brachtest du fort.« Sie mögen ihm dazu ein wenig Anlaß gegeben haben. Etwa mit Ihrer berühmten Rezension von »Werthers Leiden«, in der Sie über den armen Werther lächeln, der so feine Gedanken und Einfälle hat, aber leider an der Liebe zugrunde geht. »Wenn er doch eine Reise nach Pareis oder Pecking getan hätte! So aber wollt' er nicht weg vom Feuer und Bratspieß, und wendet sich so lange dran herum, bis er kaputt ist. Und das ist eben das Unglück, daß einer bei so viel Geschick und Gaben so schwach sein kann.« Diese Kritik hätte Goethe vielleicht noch hingenommen. Er dachte ja, später, selber ähnlich über sein Jugendwerk. Doch unmittelbar auf Ihre Auseinandersetzung mit dem armen Werther ließen Sie im »Wandsbecker Boten« sogar ein Spottgedicht über den armen potentiellen Selbstmörder Fritze folgen:

MC: Nun mag ich auch nicht länger leben,
Verhaßt ist mir des Tages Licht;
Denn sie hat Franze Kuchen gegeben,
mir aber nicht.

JK: Soviel über die Beziehung Goethes zu Ihnen und Ihr Verhältnis zu Goethes Werther. Hatten Sie mit Lessing gleichfalls Schwierigkeiten?

MC: Ich habe Lessing auch gekannt. Ich will nicht sagen, daß er mein Freund gewesen sey; aber ich war der seine. Und ob ich gleich sein credo nicht annehmen kann; so halte ich doch seinen Kopf hoch.

JK: Welch bewunderungswürdig faire Einstellung! Sie durften wahrlich aus tief gläubiger Überzeugung dichten: »Ein gut Gewissen, Freund, ist eine große Gabe!«

MC: Und gute Zähne auch! Gottlob daß ich sie habe.

»Vieles ist auf Erden zu thun.«

Imaginäres Gespräch mit Ludwig van Beethoven

*Ludwig van Beethoven (*1770 in Bonn, †1827 in Wien)*

Joachim Kaiser (JK): Vor Ihrer Kunst und Charakterstärke verneigt sich die Welt. Ihre Freunde und Bewunderer in Wien, die sich tatkräftig für Sie einsetzten, haben...

Ludwig van Beethoven (LvB): Nur in den seltensten Fällen anderer Menschen Rath folgen, in einer Sache, die schon überdacht ist, wem können alle Umstände so gegenwärtig sein als Jemandem selbst?! –

JK: Aber mußten Sie sich nicht doch wegen des täglichen Krams, schon weil Sie nicht weniger als 64mal in Wien die Wohnung gewechselt haben – da Sie Lauscher fürchteten, da Sie sich ausspioniert glaubten, da man Ihnen wegen Lärms kündigte und aus vielen anderen Gründen – auf die Hilfe von Getreuen verlassen?

LvB: Statt über eine Anzahl Takte nachzudenken, muß ich mir immer eine Anzahl Gänge, die ich zu machen habe, vormerken (...) Vieles ist auf Erden zu thun. Nicht mein jetziges Alltagsleben fortsetzen, die Kunst fordert auch dieses Opfer (...) Gegen alle Menschen *äußerlich* nie die Verachtung merken lassen, die sie verdienen, denn man kann nicht wissen, wo man sie braucht.

JK: Sie waren trotz Krankheit, Krieg und Bedrängnissen seit Ihrem 40. Lebensjahr eine europäische Berühmtheit. Die bei Brockhaus erschienene »Allgemeine deutsche Real-Enzyclopädie für die Gebildeten Stände« rühmte Sie als einen Komponisten von kühner Phantasie, in dem sich Haydns Humor mit Mozarts Schwermut verbindet. Wie man bei dem von Ihnen geliebten Shakespeare unterstellte, er könne nicht der einfache Shakespeare aus Stratford sein, so mystifizierte man auch Ihre Herkunft: Das Gerücht wurde verbreitet, Sie seien »der natürliche Sohn des Königs von Preussen«.

LvB: Man hat mir davon vor langer Zeit ebenfalls gesprochen. Ich habe mir aber zum Grundsatz gemacht, nie weder etwas über mich zu schreiben, noch irgend etwas zu beantworten, was über mich geschrieben worden… die Rechtschaffenheit meiner Eltern und meiner Mutter insbesondere der Welt bekannt zu machen (…) Kein Recensent kann sich eines Schreibens von mir rühmen.
JK: Öffentliche Meinung und Bewunderung der Fachleute hatten Sie gleichwohl in Stand gesetzt, mit den Verlegern souverän zu verhandeln. Sie komponierten nie markt-*konform*, aber Sie handelten beim Verkauf Ihrer Werke stets markt-*gerecht* und sehr geschickt. Verkauften gut – ohne käuflich zu sein.
LvB: Ich wünschte, daß es anders in der Welt sein könnte. Es sollte nur ein Magazin der Kunst in der Welt sein, wo der Künstler seine Kunstwerke nur hinzugeben hätte um zu nehmen, was er brauchte; so muß man noch ein halber Handelsmann sein, und wie findet man sich darein! – Du lieber Gott! – das nenne ich noch einmal sauer. – Was die Leipziger Ochsen betrifft –
JK: Sie meinen damit die Kritiker der Leipziger »Allgemeinen musikalischen Zeitung«, die eine führende, meinungsbildende Rolle spielten –
LvB: …so lasse man sie doch nur reden, sie werden gewiß niemand durch ihr Geschwätz unsterblich machen, sowie sie auch niemand die Unsterblichkeit nehmen werden, dem sie von Apoll bestimmt ist (…) Wer kann nach solchen Rezensenten fragen, wie die elendsten Sudler in die Höhe von eben solchen Rezensenten gehoben werden und wie sie überhaupt am unglimpflichsten mit Kunstwerken umgehen und durch ihre Ungeschicklichkeit auch müssen, wofür sie nicht gleich den gewöhnlichen Maßstab, wie der Schuster seinen Leisten, finden… Und nun rezensiert, solange Ihr wollt, ich wünsche Euch viel Vergnügen. Wenn's einem auch ein wenig wie ein Mückenstich packt, dann macht's einem einen ganz hübschen Spaß. Re-re-re-re-zen-zen-sie-si-si-siert-siert-

siert – nicht bis in alle Ewigkeit, das könnt Ihr nicht (...) Was mich angeht, so bin ich zwar weit entfernt mich einer solchen Vollkommenheit nahe zu halten, die keinen Tadel vertrüge, doch war das Geschrei... anfänglich gegen mich so erniedrigend, daß ich mich, indem ich mich mit anderen anfing zu vergleichen, auch kaum darüber aufhalten konnte, sondern ganz ruhig blieb und dachte, sie verstehen's nicht...

JK: Sie hatten das Glück, in Wien von bedeutenden Musikern, ja sogar von einem Joseph Haydn, lernen zu dürfen. Sie haben Mozart erlebt und bei bedeutenden Wiener Theoretikern studiert. Als sie aber ein junger Musiker, der in Braunschweig lebte und lieber nach Wien wollte, über Wien befragte...

LvB: Daß man sich... nicht auch einigermaßen in Braunschweig sollte bilden können, scheint mir eine etwas überspannte Meinung zu sein; ohne mich im mindesten... als ein Muster darstellen zu wollen, kann ich... versichern, daß ich in einem kleinen unbedeutenden Ort gelebt...

JK: ... in Bonn...

LvB: ... und – fast alles, was ich sowohl dort als hier geworden bin, nur durch mich selbst geworden bin.

JK: Für das Komponieren wählen Sie manchmal das Wort »dichten«. Auch Ihre Musik nähert sich oft der Sprachlichkeit, dem wortlosen und doch ausdrucksgewaltigen Rezitativ an. Bedeutete Ihnen, dem Autodidakten ohne höhere Schulbildung, die Literatur so viel?

LvB: Es gibt keine Abhandlung, die sobald zu gelehrt für mich wäre; auch ohne im mindesten Anspruch auf eigentliche Gelehrsamkeit zu machen, habe ich mich doch bestrebt von Kindheit an, den Sinn der Besseren und Weisen jedes Zeitalters zu fassen. Schande für einen Künstler, der es nicht für seine Schuldigkeit hält, es hierin wenigstens so weit zu bringen (...) Seit dem Karlsbader Sommer lese ich im Goethe alle Tage – wenn ich nämlich überhaupt lese. Er hat den Klopstock bei mir totgemacht. Sie wundern sich? Nun lachen Sie? Aha, darüber, daß ich den Klopstock gelesen habe!

Ich habe mich jahrelang mit ihm getragen, wenn ich spazieren ging und sonst. Ei nun, verstanden hab ich ihn freilich nicht überall. Er springt immer so herum, er fängt auch immer gar zu weit von oben herunter an, immer Maestoso! Des-Dur! Nicht? Aber er ist doch groß und hebt die Seele. Wenn ich ihn nicht verstand, da riet ich doch – so ungefähr. Wenn er nur nicht immer sterben wollte! Das kömmt so wohl Zeit genug. Nur wenigstens klingts immer gut... Aber der Goethe, der lebt, und wir alle sollen mitleben. Darum läßt er sich auch komponieren. Es läßt sich keiner so gut komponieren wie er. Ich schreibe nur nicht gern Lieder...

JK: Sie haben sich darüber beklagt, vor allem Ihre Klavierwerke würden schlecht gespielt. Dabei verfügten Sie doch in Ihrer Jugend über die Möglichkeit, als berühmter Virtuose selber vorzuführen, wie es gemacht werden soll. Und später standen Ihnen für Ihre »Akademien« und Konzerte die berühmtesten Künstler der Welt, selbst Spohr und Meyerbeer, zur Verfügung!

LvB: Bey meiner letzten Musik im großen Redoutensaal hatten sie 18 Violin prim, 18 Violin secund, 14 Violen, 12 Violoncelle, 7 Contrabässe.

JK: Nun schreiben Sie ja ganz genau vor, wie Sie ein Stück dargeboten haben wollen. Etwa beim Lied »Resignation«. Sie wünschen es: »In gehender Bewegung«, freilich auch »Mit Empfindung«, dabei nicht gefühlsselig, »jedoch entschlossen, wohl accentuiert und sprechend vorgetragen«! Kein Dramatiker könnte in einer Szenenanweisung prägnanter fixieren, was ihm vorschwebt. Allerdings verlangten Sie oft sehr Schweres.

LvB: Ich will... meine Oper... in der Ferne ansehen und anhören; wenigstens wird dadurch meine Geduld nicht so auf die Probe gesetzt, als so nahebei meine Musik verhunzen zu hören. – Ich kann nicht anders glauben, als daß es mir zu Fleiß geschieht, – von den blasenden Instrumenten will ich nichts sagen aber – –. Laß alle pp. cresc., alle decresc. und alle f. ff. aus meiner Oper ausstreichen, sie werden doch alle nicht gemacht. Mir vergeht alle Lust, weiter etwas zu schreiben, wenn ich's so hören soll...

JK: Später wollten Sie ja auch die italienischen Bezeichnungen durch Deutsche ersetzen, damit der Charakter Ihrer Werke nicht verfälscht werde.

LvB: Was kann widersinniger sein als Allegro, welches ein für allemal lustig heißt, und wie weit entfernt sind wir oft von diesem Begriffe des Zeitmaßes, so daß das Stück selbst das Gegenteil der Bezeichnung sagt... Was mich angeht, so habe ich schon lange darauf gedacht, diese widersinnigen Benennungen Allegro, Andante, Adagio, Presto aufzugeben; Maelzels Metronom gibt uns hierzu die beste Gelegenheit...

JK: Vertrauenswürdige Freunde Ihres Ranges, mit denen Sie sich hätten unterhalten, austauschen können, gab es wohl kaum?

LvB: Die Kunst! Wer versteht die? – Mit wem kann man sich bereden über diese große Göttin – – –! ... Meine Ohren sind leider, leider eine Scheidewand, durch die ich keine freundliche Kommunikation mit Menschen leicht haben kann. Sonst! – vielleicht! – hätte ich mehr Zutrauen gefaßt...

JK: Wie konnten Sie es überhaupt vollbringen, von zunehmender Taubheit bedroht und geschlagen, so produktiv zu leben und zu arbeiten?

LvB: Der mit einem Übel behaftet wird, welches er nicht ändern kann, sondern welches nach und nach ihn dem Tode näherbringt und ohne welches sein Leben länger gedauert hätte, muß denken, daß er auch so durch Mord oder andere Ursachen hätte noch geschwinder umkommen können (...) Mein Gehör ist... immer schwächer geworden und zu diesem Gebrechen soll mein Unterleib, der schon damals... elend war... hier sich aber verschlimmert hat, indem ich beständig mit einem Durchfall behaftet war, und mit einer dadurch außerordentlichen Schwäche, die erste Veranlassung gegeben haben... meine Ohren, die sausen und brausen Tag und Nacht fort. Ich kann sagen, ich bringe mein Leben elend zu… meide alle… Gesellschaften, weil's mir nicht möglich ist den Leuten zu sagen: Ich bin taub… Ich habe schon oft mein Dasein verflucht; Plutarch hat mich zur Resignation geführt. Ich will, wenn's anders möglich ist, meinem Schicksal trotzen, obschon es Augenblicke meines Lebens geben wird, wo ich das unglücklichste Geschöpf Gottes sein werde.

JK: Trotz alledem schafften Sie es, nicht gänzlich zu resignieren, sich jene Festigkeit der produktiven Stimmung zu bewahren, ohne die Ihre Lebensführung, Ihr Haushalt…

LvB: Wohl ist diese ganze Haushaltung… ohne Haltung und sieht einem Allegro di Confusione ganz ähnlich…

JK: …und Ihre Arbeit schwerlich durchzuhalten gewesen wären.

LvB: Meine… Existenz beruht auf einem lockern Grund… Von Fürst Kinsky, einer meiner Interessenten, habe ich noch keinen Heller erhalten – und das jetzt zu der Zeit, wo man es am meisten bedürfte. Der Himmel weiß, wie es weiter gehen wird … Welch zerstörendes, wüstes Leben um mich her nichts als Trommeln, Kanonen, Menschenelend in aller Art. (…) Meine Lage ist dermalen hart und bedrängt; dies darf man nun einem Verleger am wenigsten schreiben… Meine zu große Hingebung für andere…

JK: …Ihren Neffen, um den Sie sich aufopfernd und allzu anspruchsvoll kümmerten, dessentwegen Sie prozessierten, bis sein Selbstmordversuch zur furchtbaren Erschütterung wurde für Sie…

LvB: …ist es, hauptsächlich auch für den schwachen Kardinal, der mich in diesen Morast hineingebracht hat und sich selbst nicht zu helfen weiß (…) Gott helfe mir, ich bin des Menschenverkehrs so müde, daß ich beinahe keine mehr sehen und hören mag (…) Ich gestehe, man soll sich nie vom Zorn hinreißen lassen, denn auch ich bin ein Mensch, von allen Seiten gehetzt wie ein wildes Tier, verkannt, öfters auf die niedrigste Art von dieser pöbelhaften Behörde behandelt…

JK: Aber der Rheinwein, den Sie so liebten, der Champagner waren doch eine Art Trost?
LvB: Ich komme... von einem Bacchanal, wo ich sogar lachen mußte, um heute beinahe ebensoviel zu weinen; rauschende Freude treibt mich oft gewalttätig in mich selbst zurück (...) Ich muß gestehen, daß... mir der Champagner gar zu sehr zu Kopfe gestiegen ist und ich abermals die Erfahrung machen mußte, daß dergleichen meine Wirkungskräfte eher unterdrücken als befördern (...) Mein Arzt verordnet mir sehr guten alten Rheinwein zu trinken. So etwas hier unverfälscht zu erhalten, ist um das teuerste Geld nicht möglich. Wenn ich also eine kleine Anzahl Bouteillen erhielt...
JK: Was für ein zumindest verständnisvoller Arzt! Aber Sie dichteten und komponierten ihm zu Dank ja auch einen vierstimmigen Kanon, in dem Sie die Hoffnung ausdrücken, Ihr Arzt werde Sie vor dem Schlimmsten bewahren: »Doktor sperrt das Tor dem Tod!«
LvB: Note hilft auch aus der Not.

»Lachen sollen d'Leut.«

Imaginäres Gespräch mit Johann Nestroy

*Johann Nepomuk Nestroy (*1801 in Wien, †1862 in Graz)*

Joachim Kaiser (JK): Sie haben 13jährig als Pianist öffentlich gespielt, Sie sangen 21jährig immerhin den Sarastro, eine schwere Baß-Partie aus der »Zauberflöte«, mit Erfolg in Wien. Danach traten Sie ein Engagement in Amsterdam, dann eines in Brünn, schließlich eines in Graz an – und wechselten zum Schauspieltheater über. Sie müssen ungemein rasch Rollen gelernt haben: Während der fünf Jahre, die Sie in Graz am Theater waren (bis Sie dann endlich nach Wien kamen und dort siegten) haben Sie 370 Partien gelernt und sind weit über 1000mal aufgetreten! In Wien, als Schauspieler und Autor fest engagiert, wurden Sie zum Star. Von Ihren 80 Stücken leben zahlreiche immer noch und werden weiterleben, solange man in Wien und anderswo überhaupt noch Theater spielt. Karl Kraus, Ihr größter Bewunderer, hat Sie 1912 als genialen, sprachschöpferischen Satiriker eigentlich erst wahrhaft entdeckt. Niemand mehr darf Sie seitdem nur als Komiker, ironischen Dialekt-Dichter und Unterhaltungs-Autor abtun. Ihren Stücken wie »Lumpacivagabundus«, »Der Talisman«, »Der Zerrissene«, Ihren Satiren auf Grillparzer, Hebbel und Wagner, auch Ihrer politischen Posse »Freiheit in Krähwinkel« verdanken Sie einen unverwelklichen Lorbeer.

Johann Nestroy (JN): Bis zum Lorbeer versteig' ich mich nicht. G'fallen sollen meine Sachen, unterhalten, lachen sollen d'Leut, und mir soll die G'schicht' a Geld tragen, daß ich auch lach', das is der ganze Zweck. G'spaßige Sachen schreiben und damit nach dem Lorbeer trachten wollen, das is eine Mischung von Dummheit und Arroganz...

JK: Sind das nicht allzu bescheidene, überspitzt materialistische Aussagen einer Ihrer Dichter-Figuren – weil Sie halt um jeden Preis falsches Pathos und peinliches menschheitsbeglückendes Missions-Gerede meiden wollten? Ihre Lebensarbeit vollbrachten Sie doch gewiß nicht nur um des Geldes willen, aus Geldnot – der Direktor Carl hat Ihr Anfangsgehalt ja rasch vervielfacht. Und als stückeschreibender Theaterdirektor, Schauspiel-Unternehmer konnten Sie bald stolz sein auf einen Überschuß von 300000 Gulden (weit über 2 Millionen heutiger D-Mark).

JN: 's Geld braucht man halt zum Leben, und leben tu' ich in einemfort, also brauch' ich halt in einemfort ein Geld.

JK: Die Macht des Geldes...

JN: Ist nichts, aber die Macht des Keingeldes ist furchtbar! Kein Geld haben zwingt zu allem (...) Freilich, Geld macht nicht glücklich, sagt ein Philosoph, der Gott dankt hätt', wenn ihm wer eins g'liehen hätt'. Von dieser Weisheit kann ich keinen Gebrauch machen (...) Armut is ohne Zweifel das Schrecklichste. Mir dürft' einer zehn Millionen herlegen und sagen, ich soll arm sein dafür, ich nehmet 's nicht. Und was schaut anderseits beim Reichtum heraus? Auch wieder ein ödes, abgeschmacktes Leben. Langweile heißt die enorm horrible Göttin, die gerade die Reichen zu ihrem Priestertum verdammt.

JK: Entspringt diese Verbitterung Ihrem Leiden an menschlicher Ungenügsamkeit?

JN: Nicht wahr is's! Das kommt von der Genügsamkeit, denn wer is genügsam? Der, welcher mit allem zufrieden is; jeder Mensch aber wär' mit allem zufrieden, wenn er alles hätt', weil aber kein Mensch alles hat, drum sind s' alle unzufrieden (...) Ich glaube von jedem Menschen das Schlechteste, selbst von mir, und ich hab' mich noch selten getäuscht.

JK: Sicherlich hat die unselige und beschämende Erfahrung, die Sie in Ihrer Ehe machen mußten, als Ihre junge Frau Ihnen einfach durchging und sich weder um Sie noch um den dreijährigen Sohn kümmerte...

JN: Verheiratete seufzen immer tiefer als die Ledigen...

JK: ... zu Ihrem tiefen Pessimismus beigetragen. Und vor allem zu Ihrem Frauenhaß.

JN: Meine Geliebte is ein dummes Mädl. – vielleicht is sie bloß aus diesem Grund meine Geliebte; wenn's g'scheit wär', schauet sie sich um was G'scheiters um, und drum find' ich es sehr g'scheit von ihr, daß sie ein dummes Mädl is. Bei ihr is die Dummheit eine Gabe der Natur, es liegt nix Gezwungenes, nix Einstudiertes drin, drum is es eine liebe Dummheit, und aus demselben Grund hat auch ihre Dummheit kein Geld gekost't, während auf andre Mädln Summen spendiert werd'n, damit man's nur recht sieht, was s' für dumme Mädln sind; sie spielen dumm Klavier, sie reden dumm Französisch, sie zeichnen, sie tanzen dumm, kurzum, alles Mögliche, was man von einem gebildeten Mädl nur Dummes verlangen kann. – Und in noch mancher andern Hinsicht ist der Mangel an Bildung recht gut, denn es gibt erstens nix Romantischeres als eine ungebildete Geliebte. Wenn der Urwald der Unwissenheit noch durch keine Axt der Kultur gelichtet, die Prärie der Geistesflachheit noch durch keine Ansiedlung von Wissenschaft unterbrochen ist, wenn auf den starren Felsen der Albernheit die Gedanken wie Steinböck' herumhupfen und das Ganze von keiner augenblendenden Aufklärungssonne bestrahlt, sondern nur von dem Mondlicht der Liebe ein wenig bemagischt wird – das wird doch, hoff' ich, unbändig romantisch sein! Es kann auch nichts Interessanteres als eine ungebildete Geliebte geben. Bei einer gebildeten weiß man in kurzer Zeit akkurat, wie viel sie gelernt hat, nacher wird s' ei'm fad; bei einer ungebildeten hingegen kann man gar nie wissen, was sie vielleicht noch all's lernen kann; da is der Phantasie ein marchfeldweiter Spielraum gegönnt! – Es gibt physisch Taubstumme, das sind auf jeden Fall Unglückliche; es gibt aber auch geistig Taubstumme, das sind nämlich diejenigen, die nicht lesen un nicht schreiben können – und das Malör is namentlich für die Mädln nicht gar so groß (...) Liebe ist ein Beweis von Schwäche, den man einem noch schwächeren Wesen gibt

(...) Ich bin immer gern bei Hochzeiten, schon das Bewußtsein, daß es nicht die meinige ist, macht, daß sich die Brust froh und frei erhebt...

JK: Sollte das etwa Schadenfreude sein?

JN: Das muß sein, die Würze jeder Freude is ja die Dosis Schadenfreude, die dabei ins Spiel kommt. Hab' ich ein Geld, so g'freut's mich, aber das Pikante daran is, daß andere kein Geld haben... Hab' ich eine Geliebte oder ein Weib, so g'freut's mich, aber die Pointe is doch das, wenn mich andere drum beneiden.

JK: So glücklich und produktiv Sie später auch mit Ihrer Gefährtin Marie Weiler zusammenlebten, die Sie der damaligen Ehegesetzgebung wegen als geschiedener Mann nicht heiraten durften, Ihrer ersten Frau verziehen Sie den Seitensprung nie! Ja, Sie ließen sie sogar wegen Verschwendungssucht entmündigen und in ärmlichen Verhältnissen leben. So streng waren Sie nicht einmal mit dem giftigen Theaterkritiker Moritz Saphir, dem Sie zwar einen heftigen, verachtungsvollen Brief schrieben...

JN: Ich habe bisher Ihre fortwährend gegen mich gerichteten... Schmähungen keiner Beachtung gewürdigt; da nun aber mein, auf diese Nichtachtung basiertes Stillschweigen bei Ihrer zunehmenden Frechheit die Öffentlichkeit leicht auf die Meinung bringen könnte, ich schwiege aus anderen Gründen, etwa weil ich Sie als Literaten oder als Kritiker oder gar als Mensch – o Gott!! – oder als irgend sonst etwas respektiere, so sehe ich mich zur Beseitigung solch heilloser Irrtümer genötigt, das Stillschweigen aufzugeben und so schonend als möglich... in einfacher, klarer, deutscher Sprache Ihnen für die elende, lächerlich-bärbeißige, niedergrimmige Gehässigkeit, die Sie gegen mich entwickeln, meine unbegrenzte Verachtung auszusprechen... Und wenn mich nun jemand fragt: »Hat Ihnen dieser M. G. Saphir mit seinem jahrelangen Gebelle Schaden zugefügt?« so müßte ich offen und ehrlich antworten: »Nein, auch nicht den geringsten!« Möge Ihnen das der sprechendste Beweis Ihrer kritischen Nichtigkeit sein, Sie lächerlicher Vomkunstrichterstuhlherabdieleutevernichtenwoller... Sie armer, erbärmlicher armer Mann.

JK: Aber als der Kritiker Saphir später todkrank und in Geldnot war – da haben Sie ihn mit einer ansehnlichen Summe unterstützt. Da waren Sie großmütig...

JN: Wir sind alle Delinquenten, die der Scharfrichter Tod mit dem Rad der Zeit zerschmettert (...) Ich war ein Vulkan, die Lava ist heraus, jetzt ergeb' ich mich geduldig in mein Schicksal und will langsam sterben.

JK: Sie nahmen es mit der Zensur auf, riskierten giftige Extempores – Improvisationen, die nicht im Text standen – und die Sie sogar für kurze Zeit ins Gefängnis brachten. Sie wurden als Autor wohl immer schärfer und als Schauspieler immer maßvoller. Doch als positiven politischen Aufklärer kann man Sie gleichwohl kaum bezeichnen: Dafür dachten Sie zu illusionslos von den Menschen.

JN: Ich lass' mir mein' Aberglaub'n / Durch ka Aufklärung raub'n, / 's is jetzt schön überhaupt, / Wenn m'r an etwas noch glaubt (...) Meine Affären betracht' ich als Kuckuckseier, die ich in das fremde Nest des Zufalls leg', der soll's ausbrüten, wenn er mag! Ich rechne nie! Auf die Art kann das Schicksal mir auch nie einen Strich durch die Rechnung machen, während man als schlauer Berechner und Planmacher den Verdruß erlebt, daß ei'm 's Schicksal das Tintenfaß über die Kalkulation schüttet.

JK: Und woher Ihre Kampfeslust trotz einer solchen stoischen Haltung?

JN: Ich habe auch meine Stunden der Empörung, aber ich verstecke sie, weil ohnmächtige Empörung lächerlich ist. Da ich nicht stolz sein konnte, bin ich demütig geworden, um mir die Scham zu ersparen, niederträchtig zu werden (...) Die Zensur is die jüngere von zwei schändlichen Schwestern, die ältere heißt Inquisition. Die Zensur is das lebendige Geständnis der Großen, daß sie nur verdummte Sklaven *treten*, aber keine freien Völker *regieren* können (...) Es gibt sehr wenig böse Menschen, und doch geschieht so viel Unheil in der Welt; der größte Teil dieses Unheils kommt auf die Rechnung der vielen, vielen guten Menschen, die weiter nichts als gute Menschen sind.

JK: Und Ihnen warf man Gemeinheit vor! Richard Wagner, dessen »Tannhäuser« und »Lohengrin« Sie in treffsicheren Parodien boshaft verspottet hatten, berichtet: »Der Verstorbene Hebbel bezeichnete mir einmal im Gespräch die eigentümliche Gemeinheit des Wiener Komikers Nestroy damit, daß eine Rose, wenn dieser daran gerochen haben würde, jedenfalls stinken müßte.«

JN: Man glaubt nicht, was jeder Mensch glaubt, was er für ein Mensch is!

JK: Und *Ihr* Glauben, *Ihr* Bekenntnis, *Ihre* Wahrheit?

JN: Wahrheit ist das Erhabenste, drum kann man's nicht jedem auf die Nase binden.

»Ich gehe meinen Weg für mich.«

Imaginäres Gespräch mit Georg Büchner

Georg Büchner
*(*1813 in Goddelau b. Darmstadt, †1837 in Zürich)*

Joachim Kaiser (JK): Sie sind die vehementeste Frühbegabung der deutschen Literatur gewesen: Voller revolutionärer Kraft und künstlerischem Feuer, voller Mitleid mit den armen geschundenen Kreaturen, voller Zärtlichkeit für die Liebenden. In ganz wenigen Jahren schöpferischer Eruption warfen Sie Dramen, die in die Weltliteratur gehören, aufs Papier, verfaßten Sie eine revolutionäre Flugschrift, die zu den frühesten Dokumenten realistisch-sozialistischen Denkens zählt. Ihr Vater, der es gewiß nicht leicht hatte mit einem so kühnen, wegen revolutionärer Umtriebe steckbrieflich verfolgten Sohne, war Geistlicher.

Georg Büchner (GB): Das Christentum gefällt mir nicht – es ist mir zu sanft, es macht lammfromm.

JK: Ihres rapiden, radikalen Denkens wegen waren Sie auch Ihren Freunden manchmal unheimlich. Als Giessener Student, so erinnerte sich Karl Vogt, hielten Sie sich gänzlich abseits, verkehrten »nur mit einem etwas verlotterten und verlumpten Genie, August Becker«, Ihr »schroffes, in sich abgeschlossenes Wesen« stieß manche ab...

GB: Ich verachte niemanden, am wenigsten wegen seines Verstandes oder seiner Bildung, weil es in niemands Gewalt liegt, kein Dummkopf oder kein Verbrecher zu werden – weil wir durch gleiche Umstände wohl alle gleich würden und weil die Umstände außer uns liegen. Der Verstand nun gar ist nur eine sehr geringe Seite unseres geistigen Wesens und die Bildung nur eine sehr zufällige Form derselben... Ich kann jemanden einen Dummkopf nennen, ohne ihn deshalb zu verachten; die Dummheit gehört zu den allgemeinen Eigenschaften der menschlichen Dinge; für ihre Existenz kann ich nichts, es kann mir aber niemand wehren, alles, was existiert, bei seinem Namen zu nennen und dem, was mir unangenehm ist, aus dem Wege zu gehen. Jemanden kränken, ist eine Grausamkeit; ihn aber zu suchen oder zu meiden, bleibt meinem Gutdünken überlassen. *Daher* erklärt sich mein Betragen gegen alte Bekannte: ich kränkte keinen und sparte mir viel Langeweile; halten sie mich für hochmütig, wenn ich an ihren Vergnügungen oder Beschäftigungen keinen Geschmack finde, so ist es eine Ungerechtigkeit... Man nennt mich einen Spötter. Es ist wahr, ich lache oft; aber ich lache nicht darüber, *wie* jemand ein Mensch, sondern nur darüber, *daß* er ein Mensch ist, wofür er ohnehin nichts kann, und ich lache dabei über mich selbst, der ich sein Schicksal teile. Die Leute nennen das Spott, sie vertragen es nicht, daß man sich als Narr produziert und sie duzt; sie sind Verächter, Spötter und Hochmütige, weil sie die Narrheit nur *außer sich* suchen (...) Ich studierte die Geschichte der Revolution. Ich fühlte mich wie zernichtet unter dem gräßlichen Fatalismus der Geschichte. Ich finde in der Menschennatur eine entsetzliche Gleichheit, in den menschlichen Verhältnissen eine unabwendbare Gewalt, allen und keinem verliehen... Ich habe nicht einmal die Wollust des Schmerzes und des Sehnens... Ich bin ein Automat; die Seele ist mir genommen.

JK: War es nicht – trotz aller Grausamkeiten und allem Blutvergießen – das Beispiel der Französischen Revolution, das auch Sie revolutionär entflammte, Ihnen Mut und Kraft gab?

GB: Ein Todesurteil, ein Schafott, was ist das? Man stirbt für seine Sache. Aber so im Gefängnis auf eine langsame Weise aufgerieben zu werden! Das ist entsetzlich! (...) Die junge Freiheit wuchs im Blut der Tyrannen, und vor ihrer Stimme bebten die Throne und jauchzten die Völker. Aber die Franzosen verkauften selbst ihre junge Freiheit für den Ruhm, den ihnen Napoleon darbot, und erhoben ihn auf den Kaiserthron. – Da ließ der Allmächtige das Heer des Kaisers in Rußland erfrieren und züchtigte Frankreich durch die Knute der

Kosaken und gab den Franzosen die dickwanstigen Bourbonen wieder zu Königen...
JK: Die Verhältnisse im Großherzogtum Hessen, wo Sie aufwuchsen...
GB: Seht nun, was man in dem Großherzogtum aus dem Staat gemacht hat; seht, was es heißt: die Ordnung im Staate erhalten! 700000 Menschen bezahlen dafür 6 Millionen, d. h. sie werden zu Ackergäulen und Pflugstieren gemacht, damit sie in Ordnung leben. In Ordnung leben heißt hungern und geschunden werden... Wer sind denn die, welche diese Ordnung gemacht haben und die wachen, diese Ordnung zu erhalten? Das ist die Großherzogliche Regierung... Das Volk ist ihre Herde, sie sind seine Hirten, Melker und Schinder; sie haben die Häute der Bauern an, der Raub der Armen ist in ihrem Hause; die Tränen der Witwen und Waisen sind das Schmalz auf ihren Gesichtern; sie herrschen frei und ermahnen das Volk zur Knechtschaft.
JK: Dagegen mußte ein Aufstand gewagt...
GB: Wenn in unserer Zeit etwas helfen soll, so ist es Gewalt (...) Aber ich kenne die Verhältnisse; ich weiß, wie schwach, wie unbedeutend, wie zerstückelt die liberale Partei ist, ich weiß, daß ein zweckmäßiges, übereinstimmendes Handeln unmöglich ist und daß jeder Versuch auch nicht zum geringsten Resultate führt... Eine genaue Bekanntschaft mit dem Treiben der deutschen Revolutionärs im Auslande hat mich überzeugt, daß auch von dieser Seite nicht das geringste zu hoffen ist.
JK: Wollten Sie darum eher mit literarischen Werken eine aufrüttelnde Wirkung erzielen?
GB: Ich für meine Person... gehöre... keineswegs zu dem sogenannten Jungen Deutschland, der literarischen Partei Gutzkows und Heines. Nur ein völliges Mißkennen unserer gesellschaftlichen Verhältnisse konnte die Leute glauben machen, daß durch die Tagesliteratur eine völlige Umgestaltung unserer religiösen und gesellschaftlichen Ideen möglich sei...

Ich gehe meinen Weg für mich und bleibe auf dem Felde des Dramas, das mit all diesen Streitfragen nichts zu tun hat; ich zeichne meine Charaktere, wie ich sie der Natur und der Geschichte angemessen halte, und lache über die Leute, welche mich für die Moralität oder Immoralität derselben verantwortlich machen wollen. Ich habe darüber meine eignen Gedanken (...) Wenn man mir übrigens noch sagen wollte, der Dichter müsse die Welt nicht zeigen, wie sie ist, sondern wie sie sein solle, so antworte ich, daß ich es nicht besser machen will als der liebe Gott, der die Welt gewiß gemacht hat, wie sie sein soll. Was noch die sogenannten Idealdichter anbetrifft, so finde ich, daß sie fast nichts als Marionetten mit himmelblauen Nasen und affektiertem Pathos, aber nicht Menschen von Fleisch und Blut gegeben haben, deren Leid und Freude mich mitempfinden macht und deren Tun und Handeln mir Abscheu oder Bewunderung einflößt. Mit einem Wort, ich halte viel auf Goethe oder Shakespeare, aber sehr wenig auf Schiller. Daß übrigens noch die ungünstigsten Kritiken erscheinen werden, versteht sich von selbst; denn die Regierungen müssen doch durch ihre bezahlten Schreiber beweisen lassen, daß ihre Gegner Dummköpfe oder unsittliche Menschen sind. Ich halte übrigens mein Werk keineswegs für vollkommen und werde jede wahrhaft ästhetische Kritik mit Dank annehmen.

JK: Sie emigrierten nach Straßburg und endlich in die Schweiz. Mußten Sie das Urteil der deutschen Gerichte so fürchten?

GB: Nur die dringendsten Gründe konnten mich zwingen, Vaterland und Vaterhaus in *der Art* zu verlassen... Ich konnte mich unserer politischen Inquisition stellen; von dem Resultat einer Untersuchung hatte ich nichts zu befürchten, aber alles von der Untersuchung selbst...

JK: So wollten Sie im Zürcher Exil als Privatdozent leben und nebenher schreiben?

GB: Meine Zukunft ist so problematisch, daß sie mich selbst zu interessieren anfängt, was viel heißen will. Zu dem subtilen Selbstmord durch Arbeit kann ich mich nicht leicht entschließen (...) Jedenfalls könnte ich von meinen schriftstellerischen Arbeiten leben... Man hat mich aufgefordert, Kritiken über die neu erscheinenden französischen Werke in das Literaturblatt zu schicken; sie werden gut bezahlt...

JK: Und Ihre akademische Tätigkeit?

GB: Ich werde ganz dumm in dem Studium der Philosophie, ich lerne die Armseligkeit des menschlichen Geistes wieder von einer neuen Seite kennen. Meinetwegen! Wenn man sich nur einbilden könnte, die Löcher in unsern Hosen seien Palastfenster, so könnte man schon wie ein König leben! So aber friert man erbärmlich.

JK: Resignation oder Verzweiflung?

GB: Das Gefühl des Gestorbenseins war immer über mir. Alle Menschen machten mir das hippokratische Gesicht, die Augen verglast, die Wangen wie von Wachs, und wenn dann die ganze Maschinerie zu leiern anfing, die Gelenke zuckten, die Stimme herausknarrte und ich das ewige Orgellied herumtrillern hörte und die Wälzchen und Stiftchen im Orgelkasten hüpfen und drehen sah – ich verfluchte das Konzert, den Kasten, die Melodie und – ach, wir armen schreienden Musikanten! das Stöhnen auf unsrer Folter, wäre es nur da, damit es durch die Wolkenritzen dringend und weiter, weiter klingend wie ein melodischer Hauch in himmlischen Ohren stirbt?

JK: Diese Gestimmtheit lähmte Sie offenbar keineswegs.

GB: Ich schreibe wie im Fieber, aber das schadet dem Werke nicht – im Gegenteil! Übrigens habe ich keine Wahl, ich kann mir keine Ruhe gönnen, bis ich nicht den Danton unter der Guillotine habe, und obendrein brauche ich Geld, Geld!

JK: Ihre Zürcher Probevorlesung »Über Schädelnerven« imponierte der Fakultät so sehr, daß Sie, erst 23 Jahre alt, als Privatdozent bestätigt und in die Zürcher Philosophische Fakultät aufgenommen wurden.

GB: Es gibt... Leute, die mir eine glänzende Zukunft prophezeien. Ich habe nichts dawider.

JK: Vor einiger Zeit führte ich mit Matthias Claudius, dem Dichter des innigen Abendliedes »Der Mond ist aufgegangen«, ein imaginäres Gespräch. Wie geht eigentlich in Ihrem Werke der Mond auf?

GB: Wie ein blutig Eisen.

»Sind sie denn nur alle Narren?«

Imaginäres Gespräch mit Clara Schumann

Clara Schumann, geb. Wieck
*(*1819 in Leipzig, †1896 in Frankfurt a. M.)*

Joachim Kaiser (JK): Sie waren bereits als junges Mädchen eine europäische Berühmtheit: Franz Liszt schätzte Ihr schwungvolles Klavierspiel, Chopin bewunderte es. Kaum ein männlicher Pianist, bestimmt keine Frau, kam Ihnen gleich. 17jährig komponierten Sie ein kühnes Klavierkonzert, ließen dann sehr originelle Stücke für Klavier-Solo folgen. Aber alles das – Ihre Klavier-Karriere, Ihr Komponieren – war nicht mehr Zentrum Ihrer Existenz, als Sie Robert Schumanns Frau wurden. Plötzlich lebten Sie fast nur noch für ihn, den Schwierigen, Reizbaren, oft herb Verschlossenen. Mit enormer Energie und Stärke verstanden Sie es, den Haushalt zu führen, vor Katastrophen zu bewahren, obwohl Ihr Mann einmal im gemeinsamen Tagebuch notierte: »Wir verbrauchen mehr als wir verdienen.« Sie brachten acht Kinder zur Welt, zogen sieben groß, wußten dabei sehr wohl um Ihres Gatten schwere seelische Krankheit, die dann zum Selbstmordversuch und zu seinem frühen Tod in der Irrenanstalt Endenich führte, wohin er freiwillig gegangen war. Gerade Ihre Aufopferung steigerte in Schumann vielleicht noch das Gefühl der Unterlegenheit. Nach seinem Tode setzten Sie sich – Brahms half dabei – als Pianistin und hochgeachtete Lehrerin unermüdlich für Ihres Mannes Werke ein.
Clara Schumann (CS): Daß ich das noch erleben durfte, wie mein Mann immer mehr Anhänger findet: das war doch eine große Freude, die gewiß selten der Frau eines großen Mannes zu Theil wird. Sie wissen ich bekomme aus Paris immer Tantièmen jährlich für Roberts in Frankreich aufgeführte Werke. Das fing an mit 3–400 Francs. Vorm Jahr ... waren es an 1000 Francs, dies Jahr 1500 Francs. Dies ist doch ein schlagender Beweis trotz Wagner, Berlioz, Liszt etc ...

JK: Aber Liszt hat sich doch schon 1837 in Paris öffentlich für den erst 27jährigen Schumann, den Komponisten der »Carnaval« und der »Symphonischen Etüden« eingesetzt – woher kommt nun Ihre Animosität...

CS: Als ich Liszt das erste Mal in Wien hörte, da konnte ich's nicht mehr aushalten, da habe ich laut geschluchzt, so hat es mich erschüttert... Ach ja, sein Spiel steht doch ganz lebhaft vor meiner Seele. Mit dem Instrument, das ist großartig, so muß es aber eigentlich sein bei einem echten Genie. Gegen Liszt kommen mir doch alle Virtuosen so klein vor, selbst Thalberg, und mich – mich sehe ich gar nicht mehr. Nun, ich bin glücklich, ich *verstehe* doch alle Musik – das ist mir mehr wert als all mein Spiel...

JK: Aber Liszts Kompositionen?

CS: Ich kann sie nicht anders als schauderhaft nennen – ein Chaos von Dissonanzen, die grellsten, ein immerwährendes Gemurmel im tiefsten Bass und höchsten Diskant zusammen, langweilige Introduktionen usw., als Komponist könnte ich ihn beinahe hassen.

JK: Was nun Richard Wagner betrifft, der ja als Musikstudent gleichsam neben Robert Schumann groß wurde, so hielten Sie ihn – freilich waren Sie damals wirklich erst 13 Jahre – offenbar für einen Konkurrenten des von Ihnen bewunderten Robert. Am 17. Dezember 1832 schrieben Sie keck: »Mein lieber Herr Schumann – Hören Sie, Herr Wagner hat Sie überflügelt; es wurde eine Symphonie von ihm aufgeführt, die auf's Haar wie die A-Dur-Symphonie von Beethoven ausgesehen haben soll.« Doch den späteren berühmten Opernkomponisten, dessen »Tannhäuser« Ihrem Mann doch mächtig imponierte...

CS: »Tannhäuser«... der Eindruck auf mich immer dasselbe. – Der Text ein glücklicher, oft sehr anregend, so daß man sogar die Musik zuweilen vergißt. Das sind dann die besten Momente!

JK: Soll man Ihrer Ansicht nach bei Wagner wirklich die Musik vergessen? Im »Tristan« ist...

CS: Die Tragweite der Wagner-Richtung ist doch eine entsetzlich große und verderbliche. Außer etwa Jensen, Nicodé, Hoffmann hat keiner mehr Ohr für Wohlklang; es ist entsetzlich, wie die Leute mit den Harmonien herumspringen, Auflösungen sind ganz überflüssig... und wie wenig Natur haben die jungen Componisten! Alles soll originell sein, wobei sie über alles, was bis jetzt da war, hinauszugehen suchen und drinnen in dem Stück ist Nichts, bejammernswerthe Armuth.

JK: Über Wagners »Tristan« kann man vielleicht nicht so...

CS: Das ist doch das Widerwärtigste was ich noch in meinem ganzen Leben gesehen und gehört. Den ganzen Abend einen solchen Liebeswahnsinn mitansehn und hören zu müssen, wobei sich Einem jedes Sittlichkeitsgefühl empört, und darüber das Publicum nicht allein, sondern auch die Musiker entzückt zu sehn, das ist doch das Traurigste, was mir noch je in meinem Künstlerleben vorgekommen ist. Ich hielt bis zum Schluß aus, wollte es ganz gehört haben. Den ganzen zweiten Act hindurch schlafen und singen die beiden, den ganzen letzten Act stirbt der Tristan, volle 40 Minuten, und das nennen sie *dramatisch*!!! Levi sagt, Wagner sei ein viel besserer Musiker als Gluck. Und Joachim? hat nicht den Muth gegen die Andern aufzutreten. Sind sie denn nur alle Narren oder bin ich es? Ich finde das Sujet so elend; ein Liebeswahnsinn durch einen Trank herbeigeführt, kann man sich da noch im Geringsten für die Liebenden interessieren? Das sind ja nicht mehr Gefühle, das ist Krankheit, sie reißen sich förmlich das Herz aus dem Leibe und die Musik versinnlicht das in den widerlichsten Klängen!

JK: So kämpferisch und bitter Sie dem Wagnerschen Musikdrama gegenüberstanden – um so inniger und inständiger liebten Sie alles das, was nicht nur Schumann, sondern auch Mendelssohn und vor allem Brahms der Welt an Neuem boten...

CS: Ich lese jetzt täglich in unserer Correspondenz, was mich so unsäglich traurig macht, denn ich fühle, indem ich die Briefe lese, mein Herz wieder hoch aufschlagen in heißer Liebe zu ihm, dem edelsten, herrlichsten der Menschen und empfinde den Verlust mit tiefstem Schmerz. Warum konnte ich ihn nicht länger besitzen, nach so vielen Kämpfen nur ein so kurzes Zusammenleben... Wie wir uns geliebt, so geschieht es wohl selten im Leben, und wie so grausam mußten wir uns verlieren... Ich habe gerade soviel über Davidsbündler in den Briefen gelesen... ich dachte mit so tiefer Wehmuth, könnte ich sie ihm doch jetzt einmal vorspielen – so hat er seine Sachen von mir doch nie gehört, wie ich sie jetzt spiele.

JK: Brahms hat Sie geliebt, verehrt, war stets als Freund zur Stelle, tröstete mit großer Herzenskraft: »Du mußt ernstlich darnach trachten und dafür sorgen, daß Deine trübe Stimmung nicht alles Maaß überschreite... Rede Dir nicht ein, daß Dir das Leben wenig werth sei. Das ist nicht wahr, das ist bei ganz wenig Menschen wahr... Du mußt Dich ernstlich ändern, meine liebste Clara«, schrieb er Ihnen herzlich und mitfühlend nach dem Tode Schumanns. Dabei war Brahms selber ein bitterer und wahrlich schwieriger Künstler, mit dem nicht leicht auszukommen gewesen sein dürfte...

CS: In Hamburg... spielte ich Johannes D-moll-Concert unter seiner Leitung im philharmonischen Concert; ich war wohl die froheste im ganzen Saal, denn obgleich die Anstrengung groß war und nicht weniger die Angst, so überwog die Freude an dem Werke und daß er es selbst dirigierte, alles Andere, auch sogar das dumme Publicum ärgerte mich nicht – es verstand eben gar nicht und fühlte auch nichts, sonst hätte es doch mindestens gehörigen Respekt zeigen müssen, dem Componisten ein Zeichen seiner Theilnahme wenigstens geben müssen – ist er doch ein Stadtkind!

Am 7. Dezember gab ich noch eine Soiree, wo ich Johannes Händel-Variationen spielte. Ich spielte sie unter Todesangst, aber dennoch glücklich und mit viel Beifall. Johannes aber kränkte mich tief durch die Gleichgültigkeit, die er mir in

Bezug darauf bewies. Er äußerte, er könne die Variationen nun nicht mehr hören, es sei ihm überhaupt schrecklich, etwas von sich hören zu müssen, unthätig dabei zu sitzen. Einesteils begreife ich dies Empfinden recht gut, anderntheils aber ist es doch sehr hart, wenn man alle seine Kräfte an ein Werk gesetzt, und vom Componisten selbst kein freundliches Wort dafür hat...

JK: Als Sie eine temperamentvolle und erfolgreiche junge Künstlerin waren, prophezeite Schumann heiter, Sie würden auch Ihren strengen und starken Vater Friedrich Wieck »unter den Pantoffel bekommen«: so sehr bewunderte er Ihre Energie. Um so kleinmütiger wurden Sie, angesichts der Genialität von Schumanns und Brahms' Kompositionen, gegenüber Ihren eigenen, keineswegs schwachen Kompositionen, die Sie geradezu, gewissermaßen aus Liebe zu Schumann und Brahms, verleugneten.

CS: Ich habe gar kein Talent zur Komposition (...) Es sind einige hübsche Stellen in dem Trio, und wie ich glaube, ist es auch in der Form ziemlich gelungen... natürlich bleibt es immer Frauenzimmerarbeit, bei denen es immer an der Kraft und hie und da an der Erfindung fehlt.

JK: So verleumdeten Sie aus Liebe Ihr Kompositionstalent. Aber wenn Sie, die größte Pianistin Ihrer Epoche, üben wollten...

CS: Das Übel mit den leichten Wänden. Mein Klavierspiel kommt wieder ganz hintenan, was immer der Fall ist, wenn Robert componiert. Nicht ein Stündchen vom ganzen Tag findet sich für mich! wenn ich nur nicht gar so sehr zurückkomme!

JK: Wenn Sie übten oder mit Konzerten, die ja immer gut besucht waren, die Familienkasse aufbesserten, dann war es Schumann auch nicht recht. Er wollte nicht einmal, daß Sie für ihn werben. »Du kannst Deine Zeit besser gebrauchen«, wiegelte er Ihren Eifer ab. »In 10 Jahren geben sie sie ohnehin«; so sicher war er, daß seine Sachen sich durchsetzen würden. »Die Welt kann doch nicht bei Beethoven stehen bleiben. Also tue nichts dafür, wenn es sich nicht ganz leicht, wie von selbst, so fügt.« Er litt, wenn Sie Konzert-Tourneen unternahmen und verreist waren. »Du nimmst all meine Gedanken fort. Nicht ein einfaches Liedchen hab ich zustande bringen können.« Immer mehr wuchs Ihre Ehrfurcht vor seinem Werk und seinem Genie. Und in Dresden, wo Sie von 1844 bis 1850 lebten...

CS: Dresden ist ein musikalisches Nest... Wie vieles liegt von Robert da, was wir noch nicht gehört! es ist schrecklich! Die Teilnahmslosigkeit der Künstler geht so weit hier, daß nicht einmal Einer nur danach fragt, was Robert etwa arbeitet... Solch eine Natur hier und solche Menschen!

JK: Hatten Sie es in anderen Städten leichter?

CS: Wien... es giebt doch keine Stadt, wo ich mich in so vieler Hinsicht so wohl fühlen würde als dort, und eine *musikalischere* Stadt kenne ich auch nicht... Mangelhaftes giebt es freilich auch in Wien, aber nicht mehr als anderswo, nur des Guten mehr, z. B. das Burgtheater! ... Was habe ich da alles gesehen! Phädra, Nibelungen, Wintermärchen, Nathan u. A. und *wie* gespielt! (...) In München habe ich schöne Zeit verlebt, hohe Genüsse gehabt, von denen ich den ganzen Winter zehren werde, denn in Berlin ist Alles mittelmäßig, außer was von Joachim kömmt. Sogar schön Quartett-Spiel habe ich in München gehört (...) In England... Sie können sich überhaupt gar nicht denken, wie warm das Publicum hier gegen mich ist, wie sie mich schon immer empfangen. Und bei alledem fehlt mir hier doch die *künstlerische* Anregung, wie ich sie z. B. in Wien doch immer empfinde. Es ist die Kunst eben *ganz Geschäft hier, unter uns* gesagt...

JK: Als Sie älter wurden, immer berühmter, und neben Hans von Bülow, dem großen Pianisten...

CS: Das ist mir doch der langweiligste Spieler, da ist von Schwung und Begeisterung keine Rede. Alles ist berechnet; freilich eminent ist seine Technik und sein Gedächtniß, aber was nützt Einem eine solche Technik ohne jeden seelischen

Hauch, der sich schon in der Art der Technik herausempfinden läßt...

JK: ... zu den wichtigsten Interpreten Deutschlands gehörten – haben Sie da Ihr Repertoire ausgefeilt?

CS: Ich möchte noch mal 20 Jahre jünger sein, um noch recht viel spielen können, so wie ich es jetzt thue, besser als früher. Gäbe es doch mehr Neues, das ist recht eine Entbehrung für mich. Ich studiere so gern Neues, das regt mich an, verjüngt mich...

JK: Zu Ihrem 70. Geburtstag hat Ihnen die Welt dankbar vergolten, was Sie – als Künstlerin und als Gattin Schumanns – allen musikliebenden Menschen bedeutet und geschenkt haben.

CS: So ein 70. Geburtstag ist der erst Act der Bestattung – und die Menschen haben Einen ja nie lieber, als wenn sie wissen, daß sie Einen bald los sind – ich meine im Allgemeinen – sonst wäre es ja allzu schlimm! ...

»Der Deutsche schleppt an seiner Seele.«

Imaginäres Gespräch mit Friedrich Nietzsche

Friedrich Wilhelm Nietzsche
*(*1844 in Röcken b. Lützen, †1900 in Weimar)*

Joachim Kaiser (JK): Sie waren der faszinierendste und kühnste Philosoph des 19. Jahrhunderts. Nie hörten Sie auf, Ihre Leser und Kommentatoren aufzuregen – ja der junge Philosoph Peter Sloterdijk schrieb kürzlich, der Zeitgeist der späten achtziger Jahre verlange »nach jahrzehntelangen Behandlungen mit sozialliberalem und Neuchristlichem Moralismus wieder nach härteren Wahrheiten und beglückenderen Enthemmungen« – darum seien Sie immer noch oder wiederum so aktuell. Sie schrieben ein Deutsch, wie nur unsere größten Schriftsteller es konnten. Man fühlt sich wohl, wenn man Ihrer Prosa begegnet. Wo aber haben Sie sich wohlzufühlen vermocht?

Friedrich Nietzsche (FN): Ich habe bis zu meinen reifsten Jahren immer nur schlecht gegessen... Ich verneinte zum Beispiel durch Leipziger Küche, gleichzeitig mit meinem ersten Studium Schopenhauers (1865), sehr ernsthaft meinen ›Willen zum Leben‹. Sich zum Zweck unzureichender Ernährung auch noch den Magen zu verderben – dies Problem schien mir die genannte Küche glücklich zu lösen... Aber die deutsche Küche überhaupt – was hat sie nicht alles auf dem Gewissen! Die Suppe *vor* der Mahlzeit (noch in venetianischen Kochbüchern des 16. Jahrhunderts *alla tedesca* genannt); die ausgekochten Fleische, die fett und mehlig gemachten Gemüse; die Entartung der Mehlspeise zum Briefbeschwerer! Rechnet man gar noch die geradezu viehischen Nachguß-Bedürfnisse der alten, durchaus nicht bloß alten Deutschen dazu, so versteht man auch die Herkunft des deutschen Geistes – aus betrübten Eingeweiden... Die beste Küche ist die *Piemonts.* Alkoholika sind mir nachteilig; ein Glas Wein oder Bier des Tags reicht vollkommen aus, mir aus dem Leben ein

›Jammertal‹ zu machen – in München leben meine Antipoden... Seltsam genug, bei dieser extremen Verstimmbarkeit durch *kleine*, stark verdünnte Dosen Alkohol, werde ich beinahe zum Seemann, wenn es sich um *starke* Dosen handelt. Schon als Knabe hatte ich hierin meine Tapferkeit... Später, gegen die Mitte des Lebens hin, entschied ich mich freilich immer strenger *gegen* jedwedes geistige Getränk: ich, ein Gegner des Vegetariertum aus Erfahrung, ganz wie Richard Wagner, der mich bekehrt hat, weiß nicht ernsthaft genug die unbedingte Enthaltsamkeit von Alcoholicis allen *geistigeren* Naturen anzuraten. Wasser tut's... Ich ziehe Orte vor, wo man Gelegenheit hat, aus fließenden Brunnen zu schöpfen (Nizza, Turin, Sils); ... *In vino veritas:* es scheint, daß ich auch hier wieder über den Begriff ›Wahrheit‹ mit aller Welt uneins bin...

JK: In München leben Ihre Antipoden? Stört Sie die derbe, »verbierte« liberalitas bavarica so sehr? Lechzt Ihr Denken nach nüchterner Unbedingtheit?

FN: Der Einwand, der Seitensprung, das fröhliche Mißtrauen, die Spottlust sind Anzeichen der Gesundheit: alles Unbedingte gehört in die Pathologie.

JK: Sie preisen hier nicht gerade typische Eigenschaften deutscher Denker und Dichter.

FN: Der Deutsche *schleppt* an seiner Seele; er schleppt an allem, was er erlebt. Er verdaut seine Ereignisse schlecht, er wird nie damit ›fertig‹; die deutsche Tiefe ist oft nur schwere, zögernde »Verdauung«. Und wie alle Gewohnheitskranken... den Hang zum Bequemen haben, so liebt der Deutsche die »Offenheit« und »Biederkeit«: wie *bequem* ist es, offen und bieder zu sein! – Es ist heute vielleicht die gefährlichste und glücklichste Verkleidung, auf die sich der Deutsche versteht, dies Zutrauliche, Entgegenkommende, die-Karten-Aufdeckende der deutschen *Redlichkeit*: sie ist seine eigentliche Mephistopheles-Kunst, mit ihr kann er es »noch weit bringen«!

JK: Und Ihres großen Freund-Feindes Richard Wagner wahrlich *unbiederes* Raffinement?

FN: Ich hörte, wieder einmal zum ersten Male – Richard Wagners Ouvertüre zu den »Meistersingern«: das ist eine prachtvolle, überladene, schwere und späte Kunst, welche den Stolz hat, zu ihrem Verständnis zwei Jahrhunderte Musik als noch lebendig vorauszusetzen – es ehrt die Deutschen, daß dieser Stolz sich nicht verrechnete!

JK: Wagners musikalisches Deutschtum lassen Sie also gelten?

FN: Alles erwogen, hätte ich meine Jugend nicht ausgehalten ohne Wagnersche Musik. Denn ich war *verurteilt* zu Deutschen. Wenn man von einem so unerträglichen Druck loskommen will, so hat man Haschisch nötig. Wohlan, ich hatte Wagner nötig. Wagner ist das Gegengift gegen alles Deutsche *par excellence* – Gift, ich bestreite es nicht... Von dem Augenblick an, wo es einen Klavierauszug des »Tristan« gab... war ich Wagnerianer... ich suche heute noch nach einem Werke von gleich gefährlicher Faszination, von einer gleich schauerlichen und süßen Unendlichkeit, wie der »Tristan« ist – ich suche in allen Künsten vergebens.

JK: Welch' unüberbietbares Lob! Trotzdem spielten Sie in Ihrem Pamphlet »Der Fall Wagner« Bizets »Carmen« triumphierend gegen Wagner aus. Bizet sei vorzuziehen. Er gebe »endlich die Liebe, die in die Natur zurückübersetzte Liebe«. Wagner aber habe die Liebe mißverstanden, während Bizet seine tragischen Akzente, wie Sie schrieben, »ohne Grimasse, Falschmünzerei und die Lüge des großen Stils« erreichte...

FN: Das, was ich über Bizet sage, dürfen Sie nicht ernst nehmen; so wie ich bin, kommt Bizet tausendmal für mich nicht in Betracht. Aber als ironische *Antithese* gegen Wagner wirkt es sehr stark; es wäre ja eine Geschmacklosigkeit ohnegleichen gewesen, wenn ich etwa von einem Lobe Beethovens hätte ausgehen wollen...

JK: Nur um einer ironischen Wirkung willen opferten Sie den Gott und Retter Ihrer Jugend also der »Carmen«?

FN: Die größte Auszeichnung erweist uns das Schicksal, wenn es uns eine Zeitlang auf der Seite unserer Gegner hat kämpfen lassen. Damit sind wir *vorherbestimmt* zu einem großen Siege.

JK: Auf der Seite des Protestantismus waren Sie als Pfarrerssohn freilich auch eine Zeitlang...

FN: Sünde, so wie sie jetzt überall empfunden wird, wo das Christentum herrscht oder einmal geherrscht hat: Sünde ist ein jüdisches Gefühl und eine jüdische Erfindung, und in Hinsicht auf diesen Hintergrund aller christlichen Moralität war in der Tat das Christentum darauf aus, die ganze Welt zu »verjüdeln«. Bis zu welchem Grade ihm dies in Europa gelungen ist, das spürt man am feinsten an dem Grade von Fremdheit, den das griechische Altertum – eine Welt ohne Sündengefühle – immer noch für unsre Empfindung hat... »Nur wenn du *bereust*, ist Gott dir gnädig« – das ist einem Griechen ein Gelächter und ein Ärgernis: er würde sagen: »so mögen Sklaven empfinden.« Hier ist ein Mächtiger, Übermächtiger und doch Rachelustiger vorausgesetzt: seine Macht ist so groß, daß ihm ein Schaden überhaupt nicht zugefügt werden kann außer in dem Punkte der Ehre.

JK: Ist das anti-christlich und zugleich anti-semitisch gemeint?

FN: Welche Wohltat ist ein Jude unter Deutschen!

JK: Verwerfen Sie die Idee der Passion und des Mitleidens, weil man stoßen solle, was ohnehin fällt?

FN: Der christliche Entschluß, die Welt häßlich und schlecht zu finden, hat die Welt häßlich und schlecht gemacht (...) Aber im Grunde meint man, wenn jemand ehrlich an etwas geglaubt und für seinen Glauben gekämpft hat und gestorben ist, wäre es doch gar zu *unbillig*, wenn eigentlich nur ein Irrtum ihn beseelt habe. So ein Vorgang scheint der ewigen Gerechtigkeit zu widersprechen... Es ist leider anders; denn es gibt keine ewige Gerechtigkeit (...) Der Gewissensbiß ist, wie der Biß eines Hundes gegen einen Stein, eine Dummheit.

JK: Daher Ihr Eintreten für's Tragisch-Dionysische gegen allen apollinischen Klassizismus und alle sokratische Besserwisserei. Trotzdem lehrten Sie die *Fernstenliebe*, die schenkende Tugend – und Sie brachen zusammen, als Sie mitansehen mußte, wie in Turin ein Kutscher sein Pferd schlug...

FN: Die Bestie in uns will belogen werden; Moral ist Notlüge, damit wir nicht zerrissen werden. Ohne die Irrtümer, welche in den Annahmen der Moral liegen, wäre der Mensch Tier geblieben (...) Es gibt genug Menschen, die sich ihren Trieben mit Anmut und Sorglosigkeit überlassen *dürfen*: aber sie tun es nicht, aus Angst vor jenem eingebildeten »bösen Wesen« der Natur! (...) Die Mutter der Ausschweifung ist nicht Freude, sondern die Freudlosigkeit.

JK: So viel Vertrauen setzen Sie in das Wesen und die Bildsamkeit des natürlichen, ungegängelten Menschen? Ist auch für Sie das Volk, wie Brecht meinte, »nicht tümlich«?

FN: Das Volk hat wohl etwas von dem, was man Kunstbedürfnis nennen darf, aber es ist wenig, und wohlfeil zu befriedigen. Im Grunde genügt hierfür der Abfall der Kunst: das soll man sich ehrlich eingestehen. Man erwäge doch nur zum Beispiel, an was für Melodien und Liedern jetzt unsere kraftvollsten, unverdorbensten, treuherzigsten Schichten ihre rechte Herzensfreude haben, man lebe unter Hirten, Sennen, Bauern, Jägern, Soldaten, Seeleuten und gebe sich die Antwort. Und wird nicht in der kleinen Stadt, gerade in den Häusern, welche der Sitz altvererbter Bürgertugend sind, jene allerschlechteste Musik geliebt, ja gehätschelt, welche überhaupt jetzt hervorgebracht wird? Wer von tieferm Bedürfnis, von unausgefülltem Begehren nach Kunst in Beziehung auf das Volk, *wie es ist*, redet, der faselt oder schwindelt (...) Zuletzt bliebe noch die große Frage offen, ob wir der Erkrankung *entbehren* können, selbst zur Entwicklung unserer Tugend, und ob nicht namentlich unser Durst nach Erkenntnis und Selbsterkenntnis der kranken Seele so gut bedürfe als der gesunden (...) Erst der große Schmerz ist der letzte Befreier des Geistes ...jener lange, langsame Schmerz, in dem wir gleichsam wie mit grünem Holze verbrannt werden, der sich Zeit nimmt –, zwingt uns Philosophen in unsere letzte Tiefe zu steigen und alles Vertrauen, alles Gutmütige, Verschleiernde, Milde, Mittlere, wohin wir vielleicht vordem unsere Menschlichkeit gesetzt haben, von uns zu tun.

JK: Und der Liebe billigen Sie keine schöpferische Kraft...

FN: Jedenfalls lügt man gut, wenn man liebt, vor sich und über sich: man scheint sich transfiguriert, stärker, reicher, vollkommener, man *ist* vollkommener... Der Liebende wird Verschwender: er ist reich genug dazu. Er wagt jetzt, wird Abenteurer, wird ein Esel an Großmut und Unschuld; er glaubt wieder an Gott, er glaubt an die Tugend, weil er an die Liebe glaubt: und andrerseits wachsen diesem Idioten des Glücks Flügel und neue Fähigkeiten und selbst zur Kunst tut sich ihm die Tür auf. Rechnen wir aus der Lyrik in Ton und Wort die Suggestion jenes... Fiebers ab: was bleibt von der Lyrik und Musik übrig? ...: Das virtuose Gequak kaltgestellter *Frösche*, die in ihrem Sumpf desperieren... Den ganzen Rest schuf die Liebe...

JK: Unwiderstehlich hymnisch formuliert. Bitte noch ein Schlußwort.

FN: Gar nicht von sich reden, ist eine sehr vornehme Heuchelei (...) Bei einem längeren Gespräche wird auch der Weiseste einmal zum Narren und dreimal zum Tropf.

»Ist Deutschland denn nicht längst schon groß genug?«

Imaginäres Gespräch mit Frank Wedekind

*Frank Wedekind (*1864 in Hannover, †1918 in München)*

Joachim Kaiser (JK): Sie sind längst zum modernen Klassiker geworden. Zum Vorbild von Dürrenmatt oder sogar Brecht. Alban Berg machte aus Ihren faszinierenden Dramen »Der Erdgeist« und »Die Büchse der Pandora« seine große Oper »Lulu«. Und »Frühlings Erwachen«, dieses mitleidvolle Stück über die Pubertät, sowie »Der Marquis von Keith«, dies nicht weniger faszinierende Drama über Hochstapelei, Genuß, Bürgertum, gehören mittlerweile ins Repertoire jedes fortschrittlichen deutschen Schauspieltheaters. In München erinnerten sich viele alte Schwabinger noch begeistert an Ihre Auftritte im Kabarett »Elf Scharfrichter«, als Sänger eigener Lieder...

Frank Wedekind (FW): Mein allabendliches Auftreten als Bänkelsänger, eine Rolle, die mir entsetzlich ist und die es Ihnen gleichfalls wäre, wenn Sie mich darin sähen. Aber sie bringt Geld und ich lebe davon.

JK: Ja, bereitete es Ihnen denn nicht auch Vergnügen und Genugtuung, als Kabarettist mit der Heuchelei des Bürgertums und den Phrasen des Wilhelminismus ins Gericht gehen zu können?

FW: Wer Pech anfühlt besudelt sich. Und das Cabaret ist doch nun einmal das in Musik gesetzte Pech. Ich habe vier Jahre lang davon gelebt und danke Gott, daß ich es los bin.

JK: Litten Sie unter der Schwabinger Atmosphäre, die Sie im »Marquis von Keith« so glänzend dramatisierten?

FW: München ist eine pompöse Stadt, in der ich die ersten drei Tage wie ein Träumender umherirrte und vor lauter Eindruck nicht zum Ausdruck kam (...) Außer den öffentlichen Denkmälern, den Kirchen, Palästen, Säulen, Oblisken und den unzähligen Statuen großer Männer... hab' ich mir noch nichts genauer betrachtet als die Schack'sche Galerie und die Gemäldesammlung im Maximilianeum... Da sind alles große Meisterwerke der größten Meister, in deren manches sich der Blick auf eine Art versenkt, daß man gern auf alle anderen verzichten möchte.

JK: Sicherlich kam auch der produktive Musiker in Ihnen, der Komponist und Bänkelsänger, auf seine Kosten. Denn die berühmte Münchner Oper...

FW: In der hiesigen Oper hab ich an mir selber die unangenehme Entdeckung gemacht, daß ich kein Musikverständnis besitze... wenn ich Ihnen sage, daß ich mit wahrer Entrüstung eine sehr gute Aufführung von Wagners »Meistersingern« verließ und mich meiner Lebtag noch nie so sehr gelangweilt habe, wie gestern abend in Beethovens »Fidelio«, so bleibt leider Gottes keine andere Lösung übrig. Nur die Koloratursängerin Basta mit ihrer scharfen und sehr gelenkigen Stimme hör' ich ganz gern...

JK: Wenn Sie sich im Münchner Opernhaus so wenig wohl fühlten – wie erging es Ihnen dann im Münchner Schauspieltheater, dessen gefeierter Star Clara Ziegler war – die freilich Theodor Fontane bei ihren Berliner Gastspielen nicht so enthusiastisch feierte, wie es die Münchner taten...

FW: Ich sah Frau Clara Ziegler und sehe sie noch, obwohl schon bald zwei Monate verflossen sind, seit sie zum letzten Male auftrat. Aber ihr Spiel ist so übermenschlich, so dämonisch, daß es den Zuschauer fesseln muß und ihn in seinem Zauber gefangen hält, bis ihm etwas noch gewaltigeres vor die Sinne tritt. Clara Ziegler ist eine Münchner Färberstochter und heiratete aus Dankbarkeit ihren Lehrer, den Schauspieler Kristen. In den hiesigen Anlagen hat sie ein wahres Juwel von einer Villa in antikem Stil, deren hohe Fenster durch leichte Gardinen verhängt sind; aber zwischendurch erblickt man in der Mitte des Zimmers die lorbeerbekränzte Büste Schillers, der seinem Evangelium wohl kaum eine höhere Priesterin, als die Ziegler erwählen konnte. Leider sah ich sie in keinem seiner Stücke, dagegen jedoch in der ganzen

Grillparzerschen Trilogie des »goldenen Vließes«. Was mich zuerst an ihr überraschte, war ihre imposante Erscheinung und das herrliche Organ. Wie das wilde, sorglose junge Mädchen zur schuldbeladenen Frau, zur liebenden Zauberin, zur unglücklich Verstoßenen und endlich zur verzweifelnden Mörderin an ihren Kindern wurde, gab sie mit überwältigender Leidenschaftlichkeit, der sie auch jeden Zwang in Gesten und Gebärden zum Opfer brachte.
JK: Offenbar kamen Sie mit Schauspielerinnen besser zurecht als mit Schauspielern. Der Erfolg, den Ihre Szenen fanden, schrieben Sie einmal, »kommt durch die Schauspieler wieder abhanden«. Hingegen Ihre geliebten Schauspielerinnen ...
FW: Eysoldt, Durieux, Orska, die drei / Kauften mich los aus der Sklaverei ...
JK: So fühlten Sie sich, um Ihr Werk durchzusetzen, gewissermaßen gezwungen, selbst als Schauspieler aufzutreten?
FW: Ich habe diesen Winter achtzig mal gespielt, keine schwere Rolle, aber danach fragen die Nerven nicht. Bis vor wenigen Wochen habe ich dabei immer noch Kleinigkeiten für mich arbeiten können, das ist gänzlich vorbei. Seit vierzehn Tagen lese ich keine Zeitung mehr. Vor einiger Zeit war ich bei dem Nervenarzt Cassirer, weil ich fürchtete, es sei eine Schraube los. Er beruhigte mich, es sei noch alles fest. Vielleicht trägt die Schuld an dieser Verfassung auch weniger das Spielen als vielmehr Berlin, diese Riesen-Nerven-Folter ... Berlin ist keine Stadt, in der man selig werden kann ... Hat Gott den Menschen geschaffen, damit er sein halbes Leben auf der Stadtbahn sitzt ... Berlin ist eben keine Stadt, sondern ein trauriger Notbehelf, Berlin ist ein Konglomerat von Kalamitäten.
JK: Hätten Sie nicht, um Ihren anti-naturalistischen Stil durchzusetzen, einfach mehr und geduldiger mit Schauspielern probieren und arbeiten sollen?
FW: In meinem Einakter »Die Zensur« fällt an der ernstesten Stelle des Stückes der Ausspruch: »Die Furcht vor dem Tode ist ein Denkfehler.« – Der Autor, dem die Stelle am Herzen

lag, bat auf der Probe den Darsteller, vor dem Wort »Denkfehler« eine kleine Pause zu machen. Am Abend – der Darsteller ging ganz in seiner Rolle auf, beobachtete auch die Pause genau, sagte aber unwillkürlich in feierlichstem Ton: »Die Furcht vor dem Tode ist ein – Druckfehler.« Der Autor versicherte dem Künstler nach Schluß der Vorstellung auf seine Fragen, daß er nicht das Geringste auszusetzen habe, nur heiße es an der betreffenden Stelle nicht, die Furcht vor dem Tode sei ein Druckfehler, sondern ein Denkfehler.
Als »Die Zensur« am folgenden Abend wiederholt wurde, sagte der Darsteller an der bewußten Stelle, und zwar wieder in feierlichstem Ton: »Die Furcht vor dem Tode ist ein – Denkzettel.« Der Autor spendete wieder uneingeschränktes Lob, aber bemerkte nur nebenbei, daß es nicht heiße, die Furcht vor dem Tode sei ein Denkzettel, sondern ein Denkfehler.
Am nächsten Abend wurde wieder »Die Zensur« gespielt, und der Darsteller, mit dem sich der Autor inzwischen befreundet und Kunstanschauungen ausgetauscht hatte, sagte, als die Stelle kam, mit der feierlichsten Miene von der Welt: »Die Furcht vor dem Tode ist ein – Druckzettel.«
JK: Was »Die Zensur« betrifft: Kein Wunder, daß Sie mit den Behörden Schwierigkeiten hatten. Ihre Stücke sind ja erfüllt von sinnlichen Mysterien, erotischen Direktheiten, Gewagtheiten. Da wird nichts beschönigt, da zischt die Peitsche. Während des Weltkrieges schrieben Sie dann ein respektvolles Bismarck-Drama und gratulierten Ihrem Biographen Arthur Kutscher von Herzen zum Eisernen Kreuz – doch vorher hatten Sie sich mit der Welt des Wilhelminismus angelegt und die bürgerliche Heuchelei attackiert!
FW: Daß die bürgerliche Gesellschaft nicht das höchste Ziel menschlicher Entwicklung ist, ergibt sich schon daraus, daß die größten Menschen, wie z. B. Christus, direkte Feinde der bürgerlichen Gesellschaft waren, ergibt sich schon daraus, daß die Menschheit ausgesprochene Feinde der bürgerlichen Gesellschaft, wie z. B. Christus, als ihre ausgesprochenen Feinde anbetet. Die bürgerliche Gesellschaft ist nicht der

höchste Zweck, sondern nur der kräftige Nährboden menschlicher Kulturentwicklung.
JK: Würden Sie die Institution der Ehe...
FW: Ein Müßiggänger heiratet eine Frau, bei der er Kurzweil findet. Ein Schöngeist heiratet eine Frau, die »ihn versteht«, mag sie noch so wenig von der Welt verstehen, wenn sie nur *ihn* versteht... Das alles sind Egoisten zweiten Ranges. – Wer da weiß, was eine Frau als Frau ist, was eine Frau in dieser Welt sein kann... der sucht keine Frau, die zu ihm in irgend relativen Beziehungen steht, sondern die selber etwas ist: Entfaltung, Pracht, Größe, große Ansprüche und große Empfindungen, die Fähigkeit, in hohem Maße glücklich zu sein. Dann ist er seines eigenen Glückes gewiß.
JK: Das klingt sehr edel – wie ja auch viele Ihrer Novellen und Dramen höchst moralisch enden. Gleichwohl haben sogar Ihnen höchst wohlgesonnene Freunde doch eine gewisse sexuelle Schamlosigkeit feststellen zu müssen geglaubt.
FW: Aber jeder Mensch hat wohl etwas Absonderliches, das ihn vorwärts treibt, und wird eventuell durch das Verlangen, diese Absonderlichkeit zu begreifen, vorwärts getrieben.
JK: Und Ihre anfangs so kritische Beziehung zum neu-vereinigten großen preußisch-deutschen Reich?
FW: Was braucht mich Deutschlands Größe denn zu kümmern! Ist Deutschland denn nicht längst schon groß genug? Was schafft die Größe mir als größre Steuern!
JK: Standen Sie denn auf der Seite der tapfer oppositionellen Sozial-Demokratie?

FW: Es wird die rote Internationale,
Die einst so wild und ungebärdig war,
Versöhnen sich beim sanften Liebesmahle
Mit der Agrarier sanftgemuten Schar...
In Peking wird kein Kaiser mehr vermißt,
Und Ruhe hält sogar der Anarchist.

JK: Beseelte Sie ein derart abgründig-finsterer Zynismus?
FW: Freilich, und der schwärzeste Pessimist darf das nicht leugnen, gibt es auf Erden auch glückliche Menschen die Menge, Menschen, denen es vergönnt ist, für immer die Augen zu schließen, ohne den schroffen Ernst des Lebens, den schrillen Schmerz jemals gekannt zu haben (...) In allem, was ich bis jetzt geschrieben habe, fehlt mir *die große Liebe*, der Hauptmann seine gewaltige Wirkung zu danken hat. Und diese Liebe läßt sich nicht vorgaukeln, auch wenn man es noch so durchtrieben anstellt.
JK: An Leidenschaft, sinnlichem Schwung fehlt es Ihren Dramen gewiß nicht. Und die muntere sado-masochistische Passion...

FW: Die sexuelle Psychopathie.
Ich habe sie längst überwunden –
Und dennoch, ich vergeß es nie,
Es waren doch schöne Stunden.

»Meine Richtung ist anders!«

Imaginäres Gespräch mit Alfred Kerr

*Alfred Kerr (*1867 in Breslau, †1948 in Hamburg)*

Joachim Kaiser (JK): Überall, wo man Theateraufführungen ernst nimmt, Bücher diskutiert und unter die Leute bringen will – da geht es auch um die Rolle der »Kritik«, der Theaterkritik, Musikkritik, Literaturkritik. Nun hat es im 20. Jahrhundert keinen berühmteren, witzigeren, schlagfertigeren und wohl auch gefürchteteren, gehaßteren Kritiker gegeben, als Sie es in Berlin waren. Robert Musil, der wahrlich anspruchsvolle Autor des Romans »Mann ohne Eigenschaften«, bewunderte Ihre Fähigkeit, ein geistiges Porträt von Werken und problematischen Sachverhalten zu geben, als »blitzschnell und totsicher«. Bertolt Brecht andererseits, den Sie oft verrissen hatten, redete noch nach 1933 – als Sie und er vor Hitler hatten fliehen müssen – wütend über »die Sau Kerr«, der man auch in der Emigrationsnot nicht beistehen dürfe. Ihre Art, Kritiken zu schreiben, wirkte provozierend. Liebten Sie es so sehr, aggressiv-witzig zu formulieren?

Alfred Kerr (AK): In jedem Winter sieht man hundert Dramen: um zwei herauszulesen, die vielleicht dauern könnten. Zwei? Hoffentlich: zwei. Soll man bei den achtundneunzig Nieten immer bloß ein mittelmäßiges, gleichbleibendes, ernsthaftes Gequatsch bringen? Versucht schon lieber, die blöd vergängliche Leistung der Bretter zum Anlaß einer guten und vielleicht dauernden zu machen: damit von dem Abend etwas doch herauskomme.

In Heiterkeit. Erst wenn euch die Zähne ausfallen, umhüllt euch mit Würde; mißbilligt (fremden) Kritikerwitz; erklärt als unethisch, was euch mangelt; sucht anzuschwärzen, was ihr nicht vermögt; und ersetzt das castigare...

JK: Damit meinen Sie das »Züchtigen« von Autoren oder Interpreten, deren Leistung Ihnen mißfällt?

AK: ...und ersetzt das castigare durch Gesabber... Der Kritiker hat keine Angst, als Tadler zu gelten... Handelt sich's um Fehler, – gut. Liegt aber ein Schwund an allem vor: was soll man da machen?

JK: Nun ist aber – von Ausnahmen der Leichtfertigkeit oder Verantwortungslosigkeit abgesehen – kein Autor sozusagen mit Absicht fehlerhaft oder *schwundhaft*, sondern gibt bestimmt sein Bestes. Muß solch ein Opfer Ihres Witzes, vielleicht auch Ihrer Überlegenheit, Ihres Irrtums, Ihrer publizistisch-kritischen Macht sich nicht in aller Öffentlichkeit wohlfeil gehässig behandelt fühlen? Und *Gehässigkeiten eines Kritikers*, mögen sie auch noch so amüsant sein, werden Sie, der immerhin einst von Theodor Fontane gelobte und herausgehobene junge Starkritiker Berlins, doch gewiß keinesfalls...

AK: Er mag es ruhig sein. Bloß wünsch' ich ihm: er sei nicht versteckt gehässig; er sei nicht sittlich gehässig; er sei vielmehr ganz frech gehässig. Er gebe als Kritiker (was uns recht himmlisch dünkt): die Kritik des Hasses und der Liebe, temperiert durch historische Gerechtigkeit. Davidsbündlerkritik, die gleich dem biblischen König zwei Werkzeuge liebt: die Schleuder und die Harfe. Er krieche nicht in den Autor hinein: sondern stelle der Persönlichkeit des Autors die eigne gegenüber. Er mühe sich in allen Unternehmungen, das beste Deutsch in Deutschland zu schreiben. Und er mühe sich, über ein Kunstwerk nur durch ein Kunstwerk zu richten. Gehässig mag er sein.

JK: Das klingt enorm selbstbewußt.

AK: Aus einem Gedanken macht der Stückmacher ein Stück. Der Schriftsteller einen Aufsatz. Ich einen Satz.

JK: Nun riskierten Sie viel. Sie griffen Shakespeare an – sogar den »König Lear«, die wohl doch abgründigste Tragödie...

AK: Das Werk des Briten (ich bin hier, die Wahrheit zu sagen; ich bin hier, mein wirkliches Empfinden zu äußern) – dies Werk ist mir auf der Bühne fast unerträglich, mit den Kinderplumpheiten, den dicken Häufungen, die es neben Größe zeigt... Dergleichen ist gar nicht zu spielen, wenn man es nicht besser spielen kann.

JK: Setzten Sie mit alledem – mit Ihrer Ungeduld an Shakespeares Riesen-Länge, mit Ihrer Verspottung berühmter Mythen à la »Ödipus–Blödipus«, mit ihrer Weigerung, allzu fein gesponnene Poesie anzuerkennen – nicht gewissermaßen das Tempo, die hektische Ungeduld der Großstadt Berlin gleichsam absolut? Am erbarmungslosesten spöttelten Sie über den armen Sudermann, der zu Beginn des Jahrhunderts ein sehr erfolgreicher Könner war...

AK: Wesentliche Einwände lassen sich gegen diesen Dramatiker nicht machen. Außer etwa, daß kein echtes Haar an ihm ist. Man betrachte seine Werke. Sie zeigen falsche Interessantheit, falsche Rührung, falsche Leidenschaft und falsche Schlichtheit...

JK: Gewiß, Sie haben das Komödiantische, die verlogene Theatralik der seinerzeit überschätzten Sudermann-Figuren wirkungsvoll analysiert. Aber Hofmannsthal...

AK: Ob er Tragik ohne was Geschnitztes in der Nähe geben kann? Duftet nicht alles, was er gibt, zu wenig nach Erde? Es wäre hart, ihm zu sagen: du siehst mich an, du fragst mich, was dir fehle – ein Busen und im Busen eine Seele...

JK: Sie nennen Hofmannsthal zu »vornehm«. Seltsam mystisch klingt da Ihr Tadel, daß es bei Hofmannsthal zu wenig dufte nach »Erde«... Dabei gehen ihnen oft genug die »Landdichter« mit ihrer falschen oder primitiven Einfachheit auf die Nerven, und die Attitüde verlogener Schlichtheit haben Sie lange vor Adorno durchschaut. Ist das Berlin als »geistige Lebensform«?

AK: Ein Dänenschiff auf der Fahrt nach Deutschland. Gabelfrühstück... In Kopenhagen sind Berliner zugekommen... Die Zugestiegenen haben kaum an dem Tisch Platz genommen, als keine Spur Kaviar mehr übrig ist, – auf ihn haben sich einige beherzte Männer geschmissen und ihn sofort alle gemacht. Die Damen, darunter zwei Lehrerinnen, die mit

heißen Backen und glühenden Augen essen, schrein fortwährend nach neuem Kaviar. Die dänischen Kellner stehn und... staunen nicht mehr, denn sie kennen die Gäste.
Wirken vornehmer als die.
...»Stuart, nu jeben Se man 'ne Pulle Rotspon, ...« Geschrei.
Am Schluß der orgelnde Gesamtruf: »Noch 'n Aquavit! ...it ...it!« (fortissimo)
Eine weißhaarige Dame aus Stockholm will sterben.
...Ich sage mit einem Blick auf die Berliner Blase zum Kellner: »Glauben Sie bitte nicht, daß alle Deutschen so sind.«
Er (lächelnd):
»Ich weiß. Nur die, die zu uns kommen« ...
Dann: »Haben Szie mal Szachsen auf ein Schiff geßehen?«
JK: Zugegeben, nach engem preußisch-sächsischem Lokalpatriotismus klingt dieser Reisebericht nicht. Sie sind zeitlebens ein leidenschaftlicher Reisender gewesen. Sie trieb »Die Allgier nach Algier« ...
AK: Der Araber geht im alten Geläuse, denkt man. Das wäre jedoch falsch. Er ist kaum schmutziger als der Durchschnittsmann in Europa: man sieht es nur stärker am weißen Burnus. Gerechtigkeit!
Sein Fatalismus kommt offenbar von der Hitze – wo einem »schon alles gleich« ist. Das wird es sein. Der Araber sagt immerzu: »Gott hat es gewollt.«
Und oft will dieser, daß der Maure von Algerien bei geringem Grenzstreit einen Landsmann schon vor Feierabend ersticht... Der französische Kolonist... verdammt moralisch von hoher sittlicher Warte den für das Bürgerrecht unreifen (als Wettbuhler gefürchteten) Araber...
Falls der eines Tages »erwacht«, wird man was erleben.
JK: Es gibt wohl keinen Theaterkritiker, der auch nur annähernd so viele und so anschauliche Reisebücher geschrieben hat wie Sie. Berliner Hochmut gegenüber Bayern findet sich eher in Ihren Rezensionen.
AK: Ich glaube nach allem, was ich gesehen, geatmet, getrunken; nach allem, wovon man beglückt war; nach allem,

wofür eine hochfliegende Dankbarkeit aufkam (dieser Satz dauert ewig und drei Tage) – ich glaube, trotzdem ich das Wort »Wie Gott in Frankreich« zu oft bejaht, um es jetzt feig zu leugnen; ich glaube, man soll mitunter sprechen: »Wie Gott in Bayern.« Dies Gefühl setzt sich aus tausend Kleinigkeiten zusammen… Die Leute hier –, wahrscheinlich lernt man bei dauerndem Zusammensein die Schattenseiten kennen. Wer jedoch als fremder Wanderling ihren Bezirk durchstreift, kommt sich wie geliebkost vor: von der Freundlichkeit, von der derben, doch sachten Lebkraft einer ungezwungenen Schar.

Wenn der Mecklenburger schwer ist: so ist der Bayer zwar schwer, aber zugleich federnd. Das macht den Grundzug: schwer, aber federnd. (Die furchtbare Gemütlichkeit des Sachsen hat allzu Vertrauliches, Komisch-Enges, laatscht in Filzpantoffeln – bayrische Gutmütigkeit lebt in freier Luft.)

JK: Es ist fast rührend nachzulesen, wie Sie in den zwanziger Jahren anfangs an die Kraft der deutschen »Republik« glauben, wie Sie nun das Berliner Theater oft liebevoll rückhaltlos loben – und dann ahnen, daß die zerstrittenen Linken Hitler doch nicht aufhalten können. Hindenburg…

AK: Ich hatte mit Hindenburg ein einziges Mal gesprochen – und fand… nicht einen Greis, eher einen uralten Leutnant; von kalkloser Frische.

JK: Sie bekämpften die Faschisten und die Nazis in Ihren Kritiken wie auch im Berliner Rundfunk vehement. Bitter enttäuscht mußten Sie in Ihrer Emigration erleben, daß selbst der von Ihnen verehrte und in Berlin durchgesetzte G. B. Shaw sich auch für Hitler aussprach. Und Gerhart Hauptmanns anfänglich pronazistische Haltung empfanden Sie als menschlichen Verrat. Ihr alttestamentarisch gewaltiger Fluch »Gerhart Hauptmanns Schande« wird genausowenig aus der deutschen Literaturgeschichte verschwinden wie Ihr lebenslanger Einsatz für Hauptmanns Kunst. Hauptmann schmeichelte 1933 den Nazis.

AK: Hauptmanns Lebensform war auf alle diese Erbärmlichkeiten von Einfluß. Ich bin kein Unmensch und glaube nicht, daß nur der Wein die Schuld trug; seit Jahren ist ihm das Dasein unmöglich, ohne zwei Flaschen am Tag als Minimum. Er wähnt, daß er sonst zur Nachtzeit Fieber habe. Gott laß ihm die Ausred' – und ich habs ihm allemal gegönnt...

Nicht der Wein: das Geld hat sein Tun beeinflußt. Schrecklich, das zu sagen... Hauptmanns Geldbedarf ließ ihn Stücke, die nicht gar gewesen sind, in aller Unfertigkeit auf den Markt werfen... und Romane schmieren, darin sein Genie nur kennbar blieb unter dem Schutt. Geld kosten seine drei Wohnsitze: Agnetendorf in den Bergen; Hiddensee am Salzwasser; Rapallo in der Sonne. Geld kostet der Sohn, der mit dreißig Jahren die dritte Frau hat. Geld kostet der ganze snobistische Train dieses Weberenkels.

Der weltberühmte Dichter des antikapitalistischen Dramas wurde durch Geld zur Strecke gebracht...

Sein Andenken soll verscharrt sein unter Disteln; sein Bild begraben in Staub.

JK: Wann wurde Ihnen unumstößlich klar, daß Hitler nicht aufzuhalten war?

AK: Dieselbe Zeitungsfrau bringt seit einem Jahrzehnt Morgenblatt und Abendblatt. Am Gartentor sprach ich sie manchmal an in diesen Jahren; meist im Sommer. Sie war von gelblich fahler Haut; der Mann lag zu Haus krank.

Eines Tages hatte sie lebhaftere Farben.

»Sie sehn jetzt besser aus.«

»Weil wir bei Weissenberg sind.« Sie sprach es fest und hell. Ich wußte nicht, wer Weissenberg ist. Sie gab Aufschluß. Er war, wie ich nachträglich erfuhr, ein Heilkünstler. Mit Hokuspokus. Von der frommen Art. Er kam übrigens dann ins Gefängnis. Beten Hauptsache bei der Heilung.

Früher war sie klassenkämpferisch.

Sonderbarer Augenblick. Diese Zeit, schlechte Zeit für arme Seelen, wird gute Zeit für Windmacher. Weissenberg, abgesehn von ein paar Tötungen, erscheint harmlos. Nur eine geringe Verwirrung örtlichen Umfangs. Kein Merkmal für den Tiefstand eines ganzen Landes. (Bloß eine Erklärung dazu).

JK: Letzte Frage: Wie würde Ihnen das unternehmungslustige Regisseur-Theater am Ende unseres Jahrhunderts gefallen?

AK: In der Räuberaufführung Glanz, Disziplin, Gedrängtheit: aber sie gab nichts, was uns angeht. Man ist zu oft primär in sekundären Punkten... Kaum etwas von dem, was Schillers Menschlichkeit ausmacht. Nein. Es gibt kein andres Wort: das Turnerische statt des Dichterischen. Es fesselt mich nicht für zwei Pfennige. Meine Richtung ist anders. Ihr Äffchen.

»Zitate sind Eis für jede Stimmung.«

Imaginäres Gespräch mit Christian Morgenstern

Christian Morgenstern (1871 in München, † 1914 in Meran)*

Joachim Kaiser (JK): So umstritten Ihre »ernste«, theosophische Lyrik auch blieb, so schwer es Ihnen wurde, Ihre Berliner und Münchner Freunde von der für Sie lebenswichtigen Bedeutung und Wahrheit Rudolf Steiners und seiner anthroposophischen Weltenträtselung zu überzeugen: Mit Ihrer komischen Kunst entwaffneten und besiegten Sie die Welt. Das gebildete, künstlerisch interessierte deutsche Bürgertum liebte Sie, die »Galgenlieder« errangen rasch eine enorme Popularität. Manche Ihrer herrlichen frei-absurden Einfälle wurden zu Zitaten, die jedermann kannte: »Weil, so schließt er messerscharf, nicht sein kann was nicht sein darf.« Oder: »Ein nervöser Mensch auf einer Wiese wäre besser ohne sie daran.« Hinzu kam Ihre entzückende Menagerie mit Steinochs, Klabauterfrau, Geierlamm: »Es sagt nicht hu, es sagt nicht mäh / und frißt dich auf aus nächster Näh. / Und dreht das Auge dann zum Herrn. / Und alle habens herzlich gern.« Sie kamen, in München geboren, aus einer Künstlerfamilie, da Ihr Vater Maler und die Mutter Tochter eines Malers war...

Christian Morgenstern (CM): Fast alles, was ich geworden bin, verdanke ich mir selber, einigen Privatpersonen und dem Zufall. Von irgendeiner bewußten organischen Kultur um mich herum, die das Einzelindividuum zu benutzen und systematisch auszubilden vermocht hätte, spürte ich nie etwas. Weder Eltern noch Lehrer, noch irgendwer hat mich je kraftvoll in die Hand genommen und im großen Sinne erzogen. Und wenn ich, ein Mensch von ursprünglich glänzender Begabung, alles in allem ein Dilettant geblieben bin, so hat die Hälfte der Schuld daran gewiß die Unsumme von Dilettantismus, von Halbheit und Kulturlosigkeit, die ich überall gefunden habe, wohin mich meine bewegte Jugend geführt hat...

JK: Dilettant? Obwohl Sie so schöpferisch und sorgfältig mit der Sprache zu spielen wußten und unvergleichlich perfekte, fast schwerelose Gedichte hinzauberten?

CM: Niemand ahnt, mit was für Martern ich das oft zahlen muß und wie mir ein schneller Tod oft göttliche Wohltat wäre. Nein, mein »Dilettantismus« ist kein Spaß, keine Koketterie; er ist ein Schicksal, aber ich kann ihm nicht entrinnen; denn war mein Geist auch allezeit willig, meiner Physis fehlte es allezeit an jener letzten besten Energie, die sekundieren muß, wo irgend etwas Großes auf Erden werden soll (...) Ich bin der leichterregbarste und unbeeinflußbarste Mensch, den ich kenne.

JK: Zwischen dem Tonfall Ihrer komischen Verse und dem getragenen Pathos Ihrer mystischen Gedichte besteht ein enormer sprachlicher...

CM: Mein Hauptorgan ist das Auge. Alles geht bei mir durch das Auge ein.

JK: Doch die hinreißende Heiterkeit, der oft gerühmte höhere Blödsinn Ihrer »Galgenlieder« ...

CM: »Höherer Blödsinn« oder jener so beliebte deutsche »Stumpfsinn«, »literaturfähig« geworden, ist so ziemlich das Billigste und Törichteste, was sich sagen läßt. Wer so urteilt, gebraucht ein Schlagwort und eine Formel, ohne sich wirklich Rechenschaft von dem Vorhandenen zu geben. Es kann von *Unsinn* nirgends die Rede sein... Jedes Gedicht hat Hand und Fuß, man muß sich nur die Mühe nehmen, sich in die Grundsituation zu versetzen. Bei den ersten Sachen tritt... als Gesamtgrundlage jener Klub mit seiner auf die »Idee des Galgenberges« gegründeten Organisation hinzu... Im übrigen ist Humor eben Humor und hat jederzeit seinen *eigenen* Sinn und – Ernst für sich... Die »Galgenlieder« sind vielfach mißverstanden worden. Ein Teil, der befangene, glaubte sich Parodien moderner Lyrik gegenüber zu sehen, ein andrer Teil, der »gemütliche«, empfing sie mit lautem Hallo als sogenannten »höheren Blödsinn«, ein dritter Teil, der düstere, sprach dem Verfasser jede Selbstkritik, jeden Geschmack und Wert ab.

JK: Und welcher Teil Ihrer Leser war Ihnen der unsympathischste?

CM: Niemand war und ist mir eine empfindlichere Geißel als der richterlich geartete Mitmensch. Er ist für mich der personifizierte böse Blick. Vor ihm erschrickt alles Lebendige in mir so tief, als hätte der Tod selbst es gestreift. So mag eine Pflanze aufhören zu wachsen, wenn sie ein schlimmer Zauberer anhaucht. Sie will gern von Wind, Regen und Kälte vernichtet werden, und wenn sie jemand zertritt, so wird sie es als etwas Natürliches hinnehmen, aber sich bei lebendigem Leibe von einem andern lebenden Wesen schlechtweg in Frage stellen, verneinen, für unfähig, für einen Irrtum erklären lassen zu müssen und das nicht etwa unter einem Feuer von Leidenschaft, sondern kalt, vorbedacht – das ist unerträglich.

JK: Sie denken also auch nicht daran, sich dem selbstgerechten »Volksempfinden« des Otto Normalverbraucher auszusetzen, den sogenannten gesunden Menschenverstand als Richter zu akzeptieren?

CM: Herr Meier hält sich für das Maß der Welt. Verständlich ist allein, was *ihm* erhellt. Herr Meier sagt, wozu doch eure Kunst, wenn nicht für mich! Sonst ist sie eitel Dunst. Noch mehr, bei weitem mehr: Herr Meier meint, daß dann die Kunst im Grunde sträflich scheint. Man muß sich eiligst von Herrn Meier wenden, um nicht mit Mord und Raserei zu enden.

JK: So elitär? So hochmütig und menschenverachtend?

CM: Wer wollte den Gutartigen, den Begabten, den Wunderlichen nicht lieben. Aber den Böswilligen, den Ungeistigen, den Langweiligen zu lieben gilt es. Nicht so sehr ein jovialer Wirt sein allen, die ihre Zeche mehr oder minder bezahlen, als der barmherzige Samariter derer, die nichts mehr haben als ihr schmerzliches Schicksal.

JK: Doch schwingt nicht gleichwohl Überlegenheit, Boshaftigkeit und ein wenig Schadenfreude mit in Ihren zahlreichen Parodien und brillanten verbalen Karikaturen?

CM: Eine Karikatur ist bloß immer einen Augenblick wahr (...) Wer nicht auch böse sein kann – kann der wirklich tief sein?

JK: Heftiges politisch-soziales Engagement ist aus Ihren Worten schwerlich herauszuhören.

CM: Man wirft dem Schriftsteller... vor, daß er sich zu wenig mit Politik beschäftigt. Er soll Partei nehmen; und wer da nicht »wählt«, wird leicht Verräter gescholten. Aber wie? Wählt er wirklich nicht, ergreift er wirklich keine Partei? Bilden die Stillen im Lande keine Partei... Man dient seinem Volk auf mancherlei Weise und nicht am schlechtesten, indem man seinem politischen Leben in toto widerspricht...

JK: Empfanden Sie die Politik des Wilhelminismus, des Bismarckreiches, als so falsch?

CM: Einen Krieg beginnen heißt nichts weiter, als einen Knoten zerhauen statt ihn auflösen... Die Armut der Lehrer, während die Staaten Unsummen für die Wehrmacht hinauswerfen. Da sie nur Lehrer für 600 Mark sich leisten können, bleiben die Völker so dumm, daß sie sich Kriege für 60 Milliarden leisten müssen.

JK: Ihr Freund, der große Schauspieler Friedrich Kayssler, versuchte Sie zumindest einmal theater-politisch einzuspannen in eine Auseinandersetzung mit dem mächtigen Kritiker Alfred Kerr, den Sie ja gelegentlich parodiert haben. Sie aber schienen Kerr zugleich zu bewundern – hatten Sie ihm doch ein paar Jahre vorher mitgeteilt, er habe sich Ihnen »langsam ins Herz geschrieben«, obwohl Ihre Haltung zunächst ablehnend gewesen war – und zu scheuen. So mußten Sie Ihren wütenden Freund Kayssler nobel enttäuschen...

CM: Kerr als Einzelfall zu behandeln hat wenig Sinn, – zum Antisemiten aber soll mich nichts machen und wenn sämtliche jüdisch-deutschen Schriftsteller mich... kurz und klein hacken. Nicht sie will ich meinen Zorn entgelten lassen, sondern diese Sorte von Deutschen, die trotz ihrer fünfzig Millionen nicht einmal einen einzigen hauptstädtischen Kritiker aufbringen, der unserm gutem Kerr die Führerrolle aus der Hand nähme, aber *geistig*, *geistig*; ... Ich habe keinen Sinn dafür, wenn O. sich gegen Kerr und die Juden empört – wenn diese Empörung nicht *Geist* zeitigt, fähig, die Übergriffe oder die uns Ungemäßheiten des Geistes jener zu überwinden. Ich wünsche die Überwindung des jüdisch-deutschen Geistes, wie er sich im Allgemeinen im literarischen Getriebe unserer Zeit ausdrückt, durch deutschen Geist, aber nicht durch deutsche Wut.

JK: Steckt in Ihrer Verachtung des »literarischen Getriebes« vielleicht schon der Ansatz zu Ihrer späteren Wendung ins Mystische, Anthroposophische, Esoterisch-Geheimnisvolle?

CM: Alle Geheimnisse liegen in vollkommener Offenheit vor uns. Nur wir stufen uns gegen sie ab, vom Stein bis zum Seher. Es gibt kein Geheimnis an sich, es gibt nur Uneingeweihte aller Grade.

JK: Aber Sie werden doch nicht leugnen wollen, daß Sie den Anspruch der universalen Vernunft und der wissenschaftlichen Aufklärung teils witzig, wie in Ihren »Galgenliedern«, teils visionär bekämpften. Ich könnte hier Zitate...

CM: Zitate sind Eis für jede Stimmung (...) Keine Kirche hält ihre Gläubigen so streng am Wickel wie die »moderne Wissenschaft« ihre Gemeinde. Da macht es mir augenblicklich Freude zu lesen, wie lang oder wie kurz es mit dieser neuen Dogmatik her ist.

JK: Und das von Ihrem Freunde Friedrich Kayssler gerügte Sektierertum der Steiner-Gemeinde?

CM: Wenn Fritz meint, der Dr. Steiner sei nicht eben nachsichtig gegen fremde Anschauungen, so läßt sich darauf zweierlei erwidern. Erstens handelt es sich beim Geistesforscher nicht um irgendwelche »Anschauungen«, in dem Sinne, wie wir das Wort heute vulgär verstehen (Ansicht, Meinung, Behauptung...), sondern um Vermittlung von

Wahrheit aus der geistigen Welt. Diese Wahrheit kann in mancherlei Bildern empfangen werden, aber über sie selbst kann nicht die eine oder die andere »Meinung« herrschen. Sie ist über aller Meinung, über allen »Anschauungen«, sie ist eben die *Wahrheit*... Zweitens kann man auch noch folgendes erwidern: Wer hat denn im allgemeinen Nachsicht mit den Theosophen? Steht nicht die ganze Welt zu neunundneunzig Prozent gegen sie? Empfindet sie der gewöhnliche Mensch nicht als Sonderlinge, Narren, Phantasten, Schwärmer, verachtet sie nicht die offizielle Wissenschaft, verwünscht sie nicht die offizielle Kirche? Niemand hat Nachsicht mit dieser Theosophie, der Mutter aller Wissenschaften, aller Religionen, aller Kultur und Zivilisation – nur sie selber wartet mit einer unermüdlichen, einer göttlichen und nur aus Göttlichem heraus ganz verständlichen Geduld, »bis ihr schleichend Volk ihr nachkomme«.

JK: Und, ganz zuletzt, welch eine Prognose stellen Sie besagtem »gewöhnlichen Menschen«?

CM: Es gibt für Unzählige nur ein Heilmittel – die Katastrophe.

»Es gibt kein zartes Fieber.«

Imaginäres Gespräch mit Franz Kafka

Franz Kafka

*(*1883 in Prag, †1924 im Sanatorium Kierling b. Wien)*

Joachim Kaiser (JK): Nie gab es einen Schriftsteller, der sich selber so unnachsichtig den Prozeß machte, wie Sie, nie einen, der so entschlossen die Vernichtung seiner Werke forderte, so konsequent dem Nachruhm aus dem Wege ging und vielleicht gerade darum zum meistgeliebten, meistbewunderten deutschsprachigen Dichter des 20. Jahrhunderts wurde. Trotz Ihrer Riesen-Skepsis haben Sie gleichwohl Ihr ganzes Leben, Ihren Tageslauf, Ihre Existenz dem Schreiben, der literarischen Produktion untergeordnet!

Franz Kafka (FK): Alles, was sich nicht auf Literatur bezieht, hasse ich, es langweilt mich, Gespräche zu führen (selbst wenn sie sich auf Literatur beziehen), es langweilt mich, Besuche zu machen, Leiden und Freuden meiner Verwandten langweilen mich in die Seele hinein. Gespräche nehmen allem, was ich denke, die Wichtigkeit, den Ernst, die Wahrheit.

JK: Was aber ist denn nun diese Ihre »Wahrheit«?

FK: Das sieht aus, als hätten Sie mich gerade bei einer leeren Phrase ertappt. In Wirklichkeit ist dem nicht so. Die Wahrheit ist das, was jeder Mensch zum Leben braucht und doch von niemand bekommen oder erstehen kann. Jeder Mensch muß sie aus dem eigenen Innern immer wieder produzieren, sonst vergeht er. Leben ohne Wahrheit ist unmöglich.

JK: Demnach wäre Ihre schriftstellerische Passion eine Wahrheits-Passion?

FK: Als es meinem Organismus klar geworden war, daß das Schreiben die ergiebigste Richtung meines Wesens sei, drängte sich alles hin und ließ alle Fähigkeiten leer stehn, die sich auf die Freuden des Geschlechtes, des Essens, des Trinkens, des philosophischen Nachdenkens, der Musik zu allererst, richteten. Ich magerte nach allen diesen Richtungen ab. Das war notwendig, weil meine Kräfte in ihrer Gesamtheit so gering waren, daß sie nur gesammelt dem Zweck des Schreibens halbwegs dienen konnten. Ich habe diesen Zweck natürlich nicht selbständig und bewußt gefunden, er fand sich selbst und wird jetzt nur noch durch das Bureau...

JK: ... Ihre Bürotätigkeit als promovierter Jurist bei der Prager Arbeiter-Unfall-Versicherungs-Anstalt...

FK: ... nur noch durch das Bureau, aber hier von Grund aus, gehindert. Jedenfalls aber darf ich dem nicht nachweinen, daß ich keine Geliebte ertragen kann, daß ich von Liebe fast genau so viel wie von Musik verstehe und mit den oberflächlichsten angeflogenen Wirkungen mich begnügen muß, daß ich zum Silvester Schwarzwurzeln mit Spinat genachtmahlt und ein viertel Cerès dazu getrunken habe (...) Ich muß viel allein sein. Was ich geleistet habe, ist nur ein Erfolg des Alleinseins (...) Ich brauche zu meinem Schreiben Abgeschiedenheit, nicht »wie ein Einsiedler«, das wäre nicht genug, sondern wie ein Toter. Schreiben in diesem Sinne ist ein tieferer Schlaf, also Tod, und so wie man einen Toten nicht aus seinem Grabe ziehen wird und kann, so auch mich nicht vom Schreibtisch in der Nacht. Das hat nichts Unmittelbares mit dem Verhältnis zu Menschen zu tun, ich kann eben nur auf diese systematische, zusammenhängende und strenge Art schreiben, und infolgedessen auch nur so leben.

JK: So ersetzt Ihnen der Schreibakt das ganze Leben von der Geburt bis hin zum Tod?

FK: Ich habe mich durch das Schreiben nicht losgekauft. Mein Leben lang bin ich gestorben und nun werde ich wirklich sterben... Der Schriftsteller in mir wird natürlich sofort sterben, denn eine solche Figur hat keinen Boden, keinen Bestand, ist nicht einmal aus Staub... Ich selbst aber kann nicht weiterleben, da ich ja nicht gelebt habe, ich bin Lehm geblieben, den Funken habe ich nicht zum Feuer gemacht (...) Gibt es eine Seelenwanderung, dann bin ich noch nicht auf der untersten Stufe. Mein Leben ist das Zögern vor der Geburt (...) Das Schreiben ist ein süßer, wunderbarer Lohn, aber wofür? ... Dieses Hinabgehn zu den dunklen Mächten, diese Entfesselung von Natur aus gebundener Geister, fragwürdige Umarmungen und was alles noch unten vor sich gehen mag, von dem man oben nichts mehr weiß, wenn man im Sonnenlicht Geschichten schreibt. Vielleicht gibt es auch ein anderes Schreiben, ich kenne nur dieses; in der Nacht, wenn mich die Angst nicht schlafen läßt, kenne ich nur dieses. Und das Teuflische daran scheint mir sehr klar. Es ist die Eitelkeit und Genußsucht...

JK: Genußsucht? Schildern Sie nicht eine ungeheuere Qual?

FK: Es ist unleugbar ein gewisses Glück, ruhig hinschreiben zu dürfen: »Ersticken ist unausdenkbar fürchterlich.« Freilich unausdenkbar, so wäre also doch wieder nichts hingeschrieben.

JK: Bei aller Bewunderung haben manche Ihrer Kollegen und Leser, etwa Heinrich Mann, Ihren Werken vorgehalten, Sie notierten da im Grunde bloß Träume, schrieben nur Alptraumvisionen auf. Gibt es einen Zusammenhang zwischen Ihrer chronischen Schlaflosigkeit und Ihren Alpträumen? Sie waren...

FK: Schlaflos, fast gänzlich; von Träumen geplagt, so wie wenn sie in mich, in ein widerwilliges Material eingekratzt würden.

JK: Ihre Sucht nach Einsamkeit, Ihr Unglücklich-Sein in Prag, Ihre Berührungsangst – mußte das alles nicht immer mehr zu Bitterkeit führen, zu Menschenverachtung und Haß?

FK: Mein Unglück ist, daß ich alle Menschen – und die für mich ausgezeichnetsten natürlich vor allem – für gut halte, mit dem Verstand, mit dem Herzen für gut halte... nur irgendwie mein Körper kann es nicht glauben, daß sie, wenn es notwendig sein wird, wirklich gut sein werden, mein Körper fürchtet sich und kriecht lieber, statt die in diesem Sinne wirklich welterlösende Probe abzuwarten, langsam die Wand hinauf.

JK: Sie haben an Prag, Ihrem Geburtsort, der »verdammten« Stadt, gelitten, immer wieder an Weggang oder Flucht gedacht. Als Sie im Prager jüdischen Rathaus über 100 russisch-jüdische Auswanderer auf das Visum warten sahen, dachten Sie da bereits an Ihren Emigranten-Roman »Der Verschollene«, der später »Amerika« genannt wurde?

FK: Wenn man mir freigestellt hätte, ich könnte sein was ich will, dann hätte ich ein kleiner ostjüdischer Junge sein wollen, im Winkel des Saales, ohne eine Spur von Sorgen, der Vater diskutiert in der Mitte mit den Männern, die Mutter dick eingepackt wühlt in den Reise-Fetzen, die Schwester schwätzt mit den Mädchen und kratzt sich in ihrem schönen Haar – und in ein paar Wochen wird man in Amerika sein. So einfach ist es allerdings nicht, Ruhrfälle sind dort schon vorgekommen, auf der Gasse stehn Leute und schimpfen durch die Fenster herein, selbst unter den Juden ist Streit, zwei sind schon mit Messern aufeinander losgegangen. Aber wenn man klein ist, schnell alles überblickt und beurteilt, was kann einem dann geschehn?

JK: Später wurde dann Palästina zum Land Ihrer Wahl?

FK: Ich wollte ... nach Palestina ... es wäre natürlich nie dazu gekommen, es war eine Phantasie, wie sie jemand hat, der überzeugt ist daß er sein Bett nie verlassen wird. Wenn ich mein Bett nie verlassen werde, warum soll ich dann nicht zumindest bis nach Palestina fahren.

JK: Gewiß hat Ihre tiefe Verbundenheit mit dem Judentum ...

FK: Was habe ich mit Juden gemeinsam? Ich habe kaum etwas mit mir gemeinsam und sollte mich ganz still, zufrieden damit, daß ich atmen kann, in einen Winkel stellen (...) Die Verachtung der Ostjuden für die hiesigen Juden. Die Berechtigung dieser Verachtung ... Selbst Max ...

JK: Ihr Freund Max Brod, der auf einem Veranstaltungsabend über das jüdische Problem gesprochen hatte...

FK: ... das Ungenügende, Schwächliche seiner Rede, Rockaufknöpfen, Rockzuknöpfen. Und hier ist doch guter und bester Wille. Dagegen ein gewisser W., zugeknöpft in ein elendes Röckchen, einen Kragen, der nicht schmutziger werden kann, als Festkragen angezogen, schmettert Ja und Nein, Ja und Nein. Ein teuflisch unangenehmes Lächeln um den Mund, Falten im jungen Gesicht, Bewegungen der Arme, wild und verlegen. Der Beste aber der Kleine, der ganz aus Schulung besteht, mit spitzer, keiner Steigerung fähiger Stimme, die eine Hand in der Hosentasche, mit der andern gegen die Zuhörer bohrend, unaufhörlich fragt und gleich das zu Beweisende beweist. Stimme eines Kanarienvogels. Füllt mit dem Filigran der Rede bis zur Qual eingebrannte labyrinthartige Rinnen aus. Werfen des Kopfes. Ich wie aus Holz, ein in die Mitte des Saales geschobener Kleiderhalter. Und doch Hoffnung.

JK: Es heißt, die Prager Juden seien aus dem »religiösen Getto« in ein »soziologisches Getto« umgesiedelt worden, das Prager Deutsch war eine Bildungssprache der Oberschicht, und manches von der Treibhausschwüle der Prager Literatur zwischen Meyrinck, Brod, Rilke und Werfel, über die sich der Wiener Satiriker Karl Kraus spöttisch...

FK: Vor längerer Zeit habe ich »Literatur« von Kraus gelesen... In dieser kleinen Welt der deutsch-jüdischen Literatur herrscht er wirklich oder vielmehr das von ihm vertretene Prinzip... Ich glaube, ich sondere ziemlich gut, das, was in dem Buch nur Witz ist, allerdings prachtvoller, dann was erbarmungswürdige Kläglichkeit ist, und schließlich was Wahrheit ist... Der Witz ist hauptsächlich das Mauscheln, so mauscheln wie Kraus kann niemand, trotzdem doch in dieser deutsch-jüdischen Welt kaum jemand etwas anderes als mauscheln kann, das Mauscheln im weitesten Sinn genommen, in dem allein es genommen werden muß, nämlich als die laute oder stillschweigende oder auch selbstquälerische

Anmaßung eines fremden Besitzes, den man nicht erworben, sondern durch einen (verhältnismäßig) flüchtigen Griff gestohlen hat und der fremder Besitz bleibt, auch wenn nicht der einzigste Sprachfehler nachgewiesen werden könnte... Ich sage damit nichts gegen das Mauscheln, das Mauscheln an sich ist sogar schön, es ist eine organische Verbindung von Papierdeutsch und Gebärdensprache (wie plastisch ist dieses: Worauf herauf hat er Talent? oder dieses den Oberarm ausrenkende und das Kinn hinaufreißende: Glauben *Sie*! oder dieses die Knie an einander zerreibende: »er schreibt. Über wem?«) und ein Ergebnis zarten Sprachgefühls, welches erkannt hat, daß im Deutschen nur die Dialekte und außer ihnen nur das allerpersönlichste Hochdeutsch wirklich lebt, während das übrige, der sprachliche Mittelstand, nichts als Asche ist, die zu einem Scheinleben nur dadurch gebracht werden kann, daß überlebendige Judenhände sie durchwühlen. Das ist eine Tatsache, lustig oder schrecklich, wie man will; aber warum lockt es die Juden so unwiderstehlich dorthin? Die deutsche Literatur hat auch vor dem Freiwerden der Juden gelebt und in großer Herrlichkeit, vor allem war sie, soviel ich sehe, im Durchschnitt niemals etwa weniger mannigfaltig als heute, vielleicht hat sie sogar an Mannigfaltigkeit verloren.

JK: Sie stellen hier eine Antithese, einen Gegensatz her zwischen jüdischen und deutschen Autoren deutscher Sprache?

FK: Sicher ist mein Widerwille gegen Antithesen. Sie kommen zwar unerwartet, aber überraschen nicht, denn sie sind immer ganz nah vorhanden gewesen (...) In der letzten »Neuen Rundschau« wird die »Verwandlung« erwähnt, mit vernünftiger Begründung abgelehnt und dann heißt es etwa: »K's Erzählungskunst besitzt etwas Urdeutsches.« In Maxens Aufsatz dagegen: »K's Erzählungen gehören zu den jüdischesten Dokumenten unserer Zeit.« Ein schwerer Fall. Bin ich ein Cirkusreiter auf 2 Pferden? Leider bin ich kein Reiter, sondern liege am Boden.

JK: Könnte es nicht sein, daß Ihre individuellen, von der Schreib-Passion hervorgerufenen Probleme Ihre Beziehungen zu Menschen überschatteten, Ihnen Liebe und Gesundheit versehrten...

FK: Was ist Liebe? Das ist doch ganz einfach. Liebe ist alles, was unser Leben steigert, erweitert, bereichert. Nach allen Höhen und Tiefen. Die Liebe ist so unproblematisch wie ein Fahrzeug. Problematisch sind nur der Lenker, die Fahrgäste und die Straße.

JK: Und Ihre Schlaflosigkeit, die Lungenkrankheit, die Sie als ein »Aus-den-Ufern-Treten« der geistigen Krankheit erklärten?

FK: Es gibt kein zartes Fieber, es gibt nur abscheuliches Fieber. Mit Fieber wird das Leben nicht »schön« vergeudet... man vergeudet nicht, man wird vergeudet...

JK: War Ihnen auf Erden nicht zu helfen? Ein guter Arzt...

FK: Guter Arzt? Ja, ein Spezialist. Wäre ich doch Spezialist geworden. Wie sich ihm die Welt vereinfacht (...) Diese empörenden Ärzte! Geschäftlich entschlossen und in der Heilung so unwissend, daß sie, wenn jene geschäftliche Entschlossenheit sie verließe, wie Schuljungen vor Krankenbetten stünden. Hätte ich doch die Kraft, einen Naturheilverein zu gründen. Durch Herumkratzen im Ohr meiner Schwester macht Dr. K. eine Trommelfellentzündung zur Mittelohrentzündung; das Dienstmädchen fällt beim Einheizen hin, der Doktor erklärt es mit jener Schnelligkeit der Diagnose, die er gegenüber Dienstmädchen hat, für verdorbenen Magen und Blutandrang infolgedessen, am nächsten Tag legt sie sich wieder nieder, hat hohes Fieber, der Doktor dreht sie rechts und links, konstatiert Angina und läuft rasch weg, um nicht vom nächsten Augenblick widerlegt zu werden. Wagt sogar von »niederträchtig starken Reaktionen dieses Mädchens« zu reden, woran das wahr ist, daß er an Menschen gewöhnt ist, deren körperlicher Zustand seiner Heilkunst würdig und durch sie hervorgebracht ist und daß er sich durch die starke Natur dieses Mädchens vom Lande, mehr als er weiß, beleidigt fühlt (...) Die ungeheure Welt, die ich im Kopfe habe. Aber wie mich befreien und sie befreien, ohne zu zerreißen. Und tausendmal lieber zerreißen, als sie in mir zurückhalten oder begraben. Dazu bin ich ja hier, das ist mir ganz klar (...) Auf dem Sterbebett, vorausgesetzt, daß die Schmerzen nicht sehr groß sind... werde ich sehr zufrieden sein... Das Beste, was ich geschrieben habe... hat... in dieser Fähigkeit, zufrieden sterben zu können, seinen Grund... An allen diesen guten und stark überzeugenden Stellen handelt es sich immer darum, daß jemand stirbt, daß es ihm sehr schwer wird, daß darin für ihn ein Unrecht oder wenigstens eine Härte liegt und daß das für den Leser, wenigstens meiner Meinung nach, rührend wird. Für mich aber, der ich glaube auf dem Sterbebett zufrieden sein zu können, sind solche Schilderungen im Geheimen ein Spiel, ich freue mich ja in dem Sterbenden zu sterben (...) Man darf niemanden betrügen, auch nicht die Welt um ihren Sieg.

»Meine Berühmtheit beruht auf Tratsch.«

Imaginäres Gespräch mit Jean Cocteau

Jean Cocteau
*(*1889 in Maisons-Laffitte, †1963 in Milly-la-Forêt)*

Joachim Kaiser (JK): Für Ihre Bewunderer, die Ihre romantisch-surrealistischen Filme – wie »Orphée« oder »Die Schöne und das Untier« – lieben oder Ihre Dramen, Romane und Essays schätzen, stellen Sie den Inbegriff moderner pariserischer Traum-Kunst dar. Und zugleich die poetische Verkörperung des französischen Esprits, den sie mit unvergleichlich leichter Hand servieren. Paul Valéry nannte Sie das »Salz der Erde«.

Jean Cocteau (JC): Ich gelte als geistreich. Nur müßte man sich zunächst über die Bedeutung des Wortes einig werden. Nichts kann mich mehr aufregen als ein witziger Einfall. Gebe ich versehentlich einen zum Besten, dann beschämt mich das, als wäre mir eine Blähung entwischt (...) Leichtfertigkeit ist nichts anderes als Mangel an Verwegenheit und so etwas wie Abneigung, sich in irgendeiner Weise aufs Spiel zu setzen. Sie ist Flucht, die sich als Tanz ausgibt, ein Zögern, das als Hurtigkeit erscheint.

JK: Aber Ihr Stil, die elegante Wahl der Bilder oder Metaphern – ob Sie nun, wie soeben, einen Witz mit einer »Blähung« vergleichen oder die Leichtfertigkeit mit überkompensiertem Zögern – das ist doch geistreich und enorm originell!

JC: Mir ist Originalität zuwider. Ich vermeide sie tunlichst. Eine originelle Idee muß man mit größter Vorsicht verwerten, um den Anschein zu vermeiden, als ziehe man nur ein neues Kostüm an (...) Der wahre Schriftsteller schreibt schlank und muskulös. Alles übrige ist Speck oder Magerkeit. Beim Exzentriker ... der sich immer noch so großer Beliebtheit erfreut, gehen Fettleibigkeit und Magerkeit eine scheußliche Verbindung ein (...) Es gibt einen äußersten

Punkt, den ich nicht erreiche, einen hohen Ton, den ich nicht bringe. Würde ich es versuchen, wäre das Ergebnis eine *Fratze*. Man muß sich entschließen, seine Grenzen zu akzeptieren. Darin liegt zweifellos der wahre Grund, weshalb ich zu andern Ausdrucksmitteln greife. Die Hoffnung, diesen Ton *anderswo* bringen zu können. Aber die Grenze bleibt überall gleich.

JK: Und wie konnten Sie als Autor Ihre Grenzen in Siege verwandeln?

JC: Lebensgierigen jungen Menschen sei gesagt, daß es nur zwei Wege gibt, ein Spiel zu gewinnen: Herz zu spielen oder zu betrügen. Betrügen ist keine leichte Sache. Ein ertappter Betrüger hat ausgespielt. Nur die Gattung der Schufte von Format wird niemals geschnappt: die Machthaber, die Minister, die berühmten Maler, Dichter, Romanciers und Schauspieler... Herz zu spielen ist einfach. Man muß es nur haben, das ist alles.

JK: Glauben Sie wirklich, Ihre Karriere zielbewußt mit »Herz« gemacht zu haben?

JC: Arrivieren, sein Ziel erreichen! ... Bonaparte am Ziel – ist es der Napoleon der Krönung, oder der andre auf Sankt Helena? Kommt ein Zug dadurch ans Ziel, daß er von sich reden macht, weil er entgleist und seine Insassen tötet? Kommt er mehr zum Ziel, wenn er bis zur Endstation gelangt?

JK: Aber die französischen Kritiker hielten Ihnen...

JC: Ich kann mir den Kritiker, der bequem in einem Theatersessel sitzt und sich eines unserer Stücke anschaut, gut vorstellen. Aufgrund seines Sehfehlers erscheint ihm alles wie ein einziges Durcheinander. Wenn er gut gelaunt ist, schnappt er ab und an eine Farbe, eine Linie oder ein Wort auf, die ihm Vergnügen bereiten. Pflichtgetreu berichtet er darüber... Bis zum Tod eines Dichters warten die Kritiker auf das eigentliche Werk. Sollen sie nur warten (...) Es läßt sich nicht umgehen, daß ein sehr freier Mensch, der keinerlei Lob oder Belohnungen erwartet, größenwahnsinnig wirkt.

JK: Nicht Größenwahn hat man Ihnen vorgeworfen. Ihre Opiumsucht, von der Sie trotz mehrerer Entziehungskuren nicht loskamen, bereitete Ihren Bewunderern und Kritikern weitaus mehr Sorge.

JC: Mein Wesen bedarf der Ausgeglichenheit. Ein schlimmer Drang treibt mich zum Skandal wie den Schlafwandler aufs Dach. Die Serenität der Droge schützt mich gegen diesen Trieb (...) Nicht vom Opium muß man genesen, sondern von der Intelligenz (...) Das Opiumrauchen macht den gewöhnlichen Menschen erträglich. Er wird veredelt, wie die in Zeitlupe gefilmten Boulevards (...) Dem Opiumsüchtigen Moral predigen heißt zu Tristan sagen: »Bringe Isolde um, nachher geht es dir besser!« (...) Nach der Entziehungskur. Der schlimmste Augenblick, die schlimmste Gefahr. Die Gesundheit mit diesem gähnenden Loch und einer grenzenlosen Traurigkeit. Die Ärzte überantworten uns in aller Biederkeit dem Selbstmord.

JK: Wären körperliche Aktivität, Sport, entspanntes Eingehen auf die Natur nicht hilfreichere Mittel? Voltaire empfahl die Kultivierung des Gartens.

JC: Ein Schriftsteller will seinen Geist muskulös haben. Ein solches Training läßt ihm nicht die Muße, Sport zu treiben. Er verlangt Leiden, Stürze, Trägheiten, Schwächen, Schlappen, Ermüdungen, Kümmernisse, schlaflose Nächte, kurz, lauter Übungen, die der körperlichen Ertüchtigung entgegenstehen (...) Ein Garten... ist... Aufpeitschungen aller Art ausgesetzt, daß er in dauernder Überspannung der Nerven lebt und, so meine ich, das befreiende Lachen nicht kennt. Denn hier ist Dantes Inferno. Jeder Baum, jeder Strauch windet sich in Martern auf dem zugewiesenen Platz. Die Blüten, die sie treiben, gleichen Notfeuern und Hilferufen.

Ein Garten wird unaufhörlich geschwängert, geschändet, verwundet, zerfleischt von Ungeheuern mit Panzerhemden, Fittichen, Krallen. Seine Feinde spotten der kindlichen Waffen, mit denen er sich aufs Geratewohl bespickt. Seine Dornen beweisen uns seine Angst und erwecken in uns dennoch mehr den Eindruck einer ständigen Gänsehaut als den eines Kriegsarsenals.

In Pramousquier am Cap Nègre habe ich einen gezüchteten Orangenbaum den Kopf verlieren sehen. Er war in voller Sonne herangediehen. Dann überschattete ihn eine Palme. Ihr Schatten jagte ihm Entsetzen ein. Auf vier Ästen, die im Palmenschatten lagen, trieb er lange Dornen. Er verwilderte an dieser Stelle. Man hieb die Palme um. Die Äste beruhigten sich und wurden wieder heimisch. Ihre Auswüchse bildeten sich zurück. Im folgenden Jahr fand ich sie ebenso glatt wie die übrige Rinde. Sie waren mit dem bloßen Schrecken davongekommen. Dieser Orangenbaum, dafür lege ich meine Hand ins Feuer, hat die Sache nicht auf den leichten Ast genommen, und selbst des verdächtigen Schattens ledig, war ihm nicht nach Lachen zumut.

JK: Wie naturmystisch, wie germanisch, wie anthropomorph-vermenschlichend Sie einen blühenden Garten sehen und dramatisieren!

JC: Die Ästhetik Gottes untersteht keinem Urteil... Der Mensch ist nach dem Bilde Gottes. Wenn ein Künstler, den ich bewundere, mich irremacht, gilt es einen Glaubensakt zu leisten.

JK: Offenbar neigen Sie zum Kult des Genies, zur Idolisierung des Künstlers und seines Schaffensaktes. Orpheus war immer Ihr Held, Picasso Ihr Freund und Vorbild.

JC: Die Dinge folgen Picasso, wie die Tiere Orpheus folgen. Er führt sie, wohin er will, in ein despotisches Königreich, dessen Gesetze er selbst bestimmt (...) Der Wirt des Restaurants »Le Catalan« gestand Picasso eines Tages, er verstehe auch nicht eines seiner Gemälde. Picasso fragte ihn, ob er die chinesische Sprache verstehe. Auf das Nein des Wirts meinte Picasso: »Das kann man lernen.« Und er hatte recht. Für einen Wilden wäre die konventionelle Kunst unleserlich (...) Kürzlich wurde bei Picasso, in der Rue La Boétie, eingebrochen; die Diebe nahmen nur die Wäsche mit...

JK: Warum eigentlich machen Sie den Parisern so heftige Vorwürfe, weshalb meinen Sie, die Franzosen seien nach dem 2. Weltkrieg taub und blind geworden? »Widerliche Tröpfe. Ein oberflächliches, schülerhaftes Volk.« Hängt das nicht doch mit gewissen Verrissen zusammen, die Sie trotz Ihres Ruhmes in der großen Pariser Presse hinnehmen mußten?

JC: Je älter ich werde, desto klarer wird mir, daß ich nicht gelesen werde. Meine Berühmtheit beruht nur auf Tratsch. Egal wem, egal wo kann man Dinge sagen, die man längst geschrieben hat. Sie sind neu. Nicht selten kommt es vor, daß jemand mir rät, sie aufzuschreiben. Sogar die, die mich lesen, erinnern sich an nichts (...) In Paris sein Heil zu finden, ist undenkbar; die Seele wird zu stark abgelenkt (...) Ich finde, daß jedes meiner Werke reichen würde, den Ruf eines Mannes zu sichern. Aber meine Berühmtheit rührt nicht von ihnen her, sondern von ein paar marginalen Filmen und Zeichnungen, von einer Legende aus Histörchen und Ungenauigkeiten. Es gibt keinen Autor, der zugleich bekannter, unbekannter, verkannter wäre als ich (...) Dreißig Jahre Menschenjagd mit mir als Opfer... das macht die Maschine defekt. Die Seele leistet Widerstand. Aber was kann diese Essenz ausrichten, wenn das Räderwerk und die Ventile nachgeben... Leider ist unser Geist mit den Werken beschäftigt und der Geist der andern mit den Vorteilen, die sie daraus ziehen können. Das führt dazu, daß das Werk im Umlauf ist und die anderen davon profitieren. Dazu die 80 % Steuern – 8 % für die Agenturen – die 8 % Autorenbeitrag. Das ist der Ruin.

JK: Schadete Ihnen Ihr auffälliger Mangel an Patriotismus?

JC: Patriotismus ist nur eine lahme Ausrede, denn es ist ehrenwerter, den vom Patriotismus genasführten Menschen zu mißfallen, als sie unter dem Vorwand der Größe in die Irre zu führen.

JK: Das hochmütige Gerede über die »Boches« haben Sie in der Tat nicht mitgemacht. Im Gegenteil. Ihr Werk enthält viel prodeutsche Provokation. Ich denke da an Ihre Schilderung einer liebenswürdigen Krankenpflegerin. Es war eine...

JC: ... Kriegerwitwe aus dem Norden. Ihre Kollegen fragen sie bei Tisch über die deutsche Besatzung während des Ersten Weltkrieges aus. Sie schlürfen ihren Kaffee und erhoffen sich Greuelmärchen. »Sie waren sehr nett«, antwortet sie. »Sie haben ihr Stück Brot mit einem kleinen Jungen geteilt, und wenn wirklich einer unkorrekt war, haben wir nicht gewagt, uns auf der Kommandatur zu beschweren, weil er dann zu hart bestraft wurde...«

Die Tischrunde war über die Antwort bestürzt. Die Witwe ist künftighin verdächtig. Man heißt sie eine Boche. Sie weint, und nach und nach ändert sie ihre Erinnerungen, mischt ein wenig Greuel hinein. Auch sie möchte leben.

JK: Wenn Sie Ihr Leben überschauen: War es eine produktive, eine vorhersehbare Entwicklung? Waren Sie, wie es Thomas Mann, den Sie bewundern, einst formulierte, »auf allen Lebensstufen charakteristisch fruchtbar«?

JC: Mir wurde dieses Glück nicht zuteil. In mir schleppt die Jugend sich hin. Sie verdirbt, sie fixiert sich nicht. Und so sehe ich dementsprechend aus: teils wie ein ins Greisenalter verirrter junger Mann, teils wie ein Greis, der in ein Alter zurückfiel, das nicht mehr das seine ist (...) Die Dichter müssen, um zu leben, oft sterben und nicht nur das rote Herzblut vergießen, sondern auch das weiße Seelenblut, dessen Verströmen es möglich macht, ihnen auf der Spur zu bleiben. Beifallsbekundungen sind nur um diesen Preis zu haben.

JK: Ein letztes: Sie lieben Werke der Kunst, haben Bilder und Bücher geschaffen, zahlreiche Herrlichkeiten gehäuft, gesammelt. Wenn nun Ihr Haus abbrennt, und Sie könnten *eine* dieser Kostbarkeiten retten – was würden Sie mitnehmen?

JC: Das Feuer.

»Ich bin aus dem Judentum ausgetreten.«

Imaginäres Gespräch mit Kurt Tucholsky

*Kurt Tucholsky (*1890 in Berlin, † in Hindås/Schweden)*

Joachim Kaiser (JK): Voller Bewunderung, verehrter Kurt Tucholsky, gedachte man 1990 in der Bundesrepublik Ihres Werkes und Ihrer Lebensleistung. In zahlreichen Veranstaltungen wurde daran erinnert, daß Sie der produktivste, witzigste und aggressivste Zeitkritiker – zugleich Liedermacher, Glossenverfasser, Buchrezensent, Romancier – gewesen sind, der uns Deutschen im 20. Jahrhundert geschenkt wurde. Scharfsinnig, unerschrocken und keck haben Sie die Tradition einer durchaus »linken« Aufklärung vertreten, sich mutig allen reaktionären oder antisemitischen Tendenzen widersetzt. Kein Wunder, daß zur Feier Ihres Geburtstags in vielen Gedenkveranstaltungen und Rezitationsabenden unsere bekanntesten Kabarettisten aus Ihren Werken lasen, daß berühmte Schauspieler...

Kurt Tucholsky (KT): Auf die Schauspieler habe ich nie gezählt, das sind doch Berufs-Psychopathen, ob die nun Kommunisten spielen oder Hitlerleute, das ist ja gleich wertvoll. Der Umfall der Geistigen ist kläglich – diese völlige Unfähigkeit, einmal beiseite stehn zu können. Gottbehüte nicht dabei zu sein – es ist grauslich.

JK: Nun bemühen wir uns in der Bundesrepublik um mehr Wachsamkeit, und gerade unsere besten Kabarettisten sind unerbittlich kritisch. Dieter Hildebrandt, Werner Schneyder, unsere satirischen Zeitschriften...

KT: Wer von jedem Mäusedreck im Alltag das Äußerste fordert, der endet gewöhnlich... im dicksten Kompromiß. Wie z. B. der selige Karl Kraus. Es hat keinen Wert, dauernd der Welt das Neue Testament auf den Kopf zu schlagen – wir wissen ja, daß das ein unangenehmes Geräusch gibt. Aber über die Köpfe hinweg muß mans ab und zu sagen: Selbst-

zufriedenheit ist eines der wenigen Laster, die es gibt.
JK: Ihre Bedenken, verehrter Meister Tucholsky, gegen gewisse Forciertheiten unserer intellektuellen Zeitkritik wirken nicht nur skeptisch, sondern radikal.
KT: Möchten Sie sich von unsern Intellektuellen regieren lassen? Ich nicht. Es gibt da Ausnahmen, famose Kerle, die wirklich reiten können. Aber der Rest...? Ich meine das nicht boshaft, um so weniger, als ich mich nicht ausnehme. Ich habe mich im Krieg als Beamten gesehn – eine reine Freude war das auch nicht. Was in meiner Schreiberei Güte war, ist in der Realität Schwäche – was Witz, wird Inkohärenz – die Herren überschätzen sich zumeist (...) Ich hatte mir vorgenommen, in der nächsten Zeit einmal auf die Brüchigkeit, Neurasthenie und die völlige Lebensuntüchtigkeit mancher Kreise hinzuweisen, die sich ›radikal‹ nennen, und ich weiß, daß es vom Wandervogel bis zu Leuten, deren Namen ich zunächst nicht nennen will, eine böse Entrüstungskampagne geben wird. Das vertragen die Herren nämlich am allerwenigsten, daß ihnen einer sagt: Mir ist ein Erzreaktionär als Kapitän eines Passagierdampfers lieber als ein zerfahrener Literat... Natürlich ist es gegen Kant kein Einwand, daß er vielleicht ein schlechter Chauffeur gewesen wäre: aber gerade diese Herrschaften, die ständig zur Tat aufrufen, lassen eine Lebenstüchtigkeit vermissen, die der Geistesmensch Lenin bei 28 geschriebenen Bänden auf das Vorzüglichste bewiesen hat. Ich für meinen Teil möchte bei den meisten unserer Radikalen nicht mitansehen, wie sie auch nur einen Umzug in die Wege leiten oder wegen eines Mietvertrages verhandeln oder den Streit zwischen zwei Angestellten schlichten – und unter gar keinen Umständen möchte ich unter diesen Leuten arbeiten... Denn, sehen Sie, das, was am Preußentum gut und gesund ist, besitzen diese Leute leider wenig oder gar nicht, sehr zum Schaden unserer Sache, die, wie jede andere, eben nicht ohne ein gewisses Maß von Pflichterfüllung, Fleiß und vor allem gesundem Menschenverstand geführt werden kann.

JK: Der Marxismus war doch ›Ihre Sache‹! Zumindest Ihr Erkenntnis-Prinzip. Über Egon Erwin Kischs Amerika-Buch schrieben Sie beispielsweise noch 1930: »Man hat nicht den Eindruck, er sei nun hingegangen, um auf alle Fälle in Amerika alles schlecht zu finden – *aber er ist marxistisch geschult und läßt sich nichts vormachen.*« Solche Sätze – und viele andere lassen Sie doch als jenen linken Wortführer der Weimarer Zeit erkennbar werden, den auch die kritische Avantgarde unserer Bundesrepublik so glühend verehrt.

KT: Mit tiefer Beschämung sehe ich erstens auf das zurück, was ich trotz meines innern Widerwillens in den letzten Jahren da noch getrieben habe; ich habe gefühlt, daß es gegen meinen Instinkt geht, aber ich habe nicht darauf gehört. Und mit ebenso tiefer Beschämung sehe ich das an, was die da... treiben. Nebbich. Es ist so armselig. Wer einmal marxistisch denken gelernt hat, der kann überhaupt nicht mehr denken und ist verdorben (...) Wenn ich erst ganz über den ganzen »Links«-Quatsch hinweg bin, dann könnte ich, wenn ich gesund bin, anfangen zu schreiben.

JK: Sie emigrierten nach Schweden?

KT: Diese Leute denken so langsam, schwätzen aber sehr viel und sehr schnell, und es ist alles ganz uninteressant, was sie sagen. Nichts lockt, nichts blitzt.

JK: Nun gut, an den Geist des Berlins der zwanziger Jahre, den Sie mitprägten, durften Sie in Hindas freilich nicht denken.

KT: Das berliner Publikum kommt sich sehr skeptisch vor; aber es ist in seinen großen Teilen nicht einmal naiv... Dazu kommt, daß der Berliner – und insbesondere der berliner Jude – Pathos nur noch verträgt, wenn es ihm... durch einen hinterher fallenden Witz belohnt wird. Ja, Pathos dient auf vielen Bühnen überhaupt nur dazu, eine trockne Schlußbemerkung einzuleiten, wobei wiederum ein niederer Begriff von Schadenfreude die Hauptrolle spielt.

JK: Sie reden, Herr Tucholsky, als hätten Sie tatsächlich Vorbehalte gegen die Berliner Juden –

KT: Ich bin im Jahre 1911 ›aus dem Judentum ausgetreten‹, und ich weiß, daß man das gar nicht kann. Die Formel vor dem Amtsgericht lautete so. Sie wissen, daß damit keine Konjunkturriecherei verbunden gewesen ist – ein Jude hatte es im Kaiserreich erträglich, ein Konfessionsloser nicht.
Antisemitismus habe ich nur in den Zeitungen zu spüren bekommen, im Leben nie...
Auch gehöre ich nicht zu den bekannten jüdischen Antisemiten (...) Sie machen ein Judenstatut in Deutschland, wonach also die deutsche Judenschaft neuen Gesetzen als Minorität unterworfen wird... Aber wenn *das* die vielgerühmte Zähigkeit der Juden ist, wenn *das* das Mittel ist, durch das sie sich jahrhundertelang gehalten haben, dann wünschte ich, daß sie lieber untergehen sollten. Wie widerlich ist das! Sie haben gar keinen Sinn für das Starke... Warum sagen nicht die ältesten Rabbiner: »Wir fordern jeden anständigen Juden auf, auszuwandern! Wer nach dem 1. Januar 1935 noch in Deutschland ist, ist kein anständiger Jude – den verdienen die Deutschen, wir andern gehen in Massen, als Demonstration, zum Protest heraus!« Warum sagen sie es nicht? Sie würden immerhin etwas besser draußen empfangen werden – wenn auch nicht gut, aber besser als die einzelnen Flüchtlinge immerhin. Sie sagen es nicht, weil sie an ihren Drecksgeschäften hängen, weil ihnen die paar Fotölchs eben doch lieber sind. Wie man das seinen Kindern antun kann... Also? Also haben die andern recht, wenn sie sagen: Es ist ihnen vorher zu gut gegangen – Sie sehen ja, wenn man sie in ihnen angemessene Ghettos stößt, dann sagen sie nichts, sie akzeptieren es, es paßt zu ihnen! – Das ist richtig. Man muß sich schämen, Jude zu sein (...) Wenn man aber die Haltung der Juden im allgemeinen sieht, so versteht man nun besser als jemals, warum sie solange im Ghetto haben leben können. Es ist ein Dreck, der es nicht besser verdient.
JK: Sahen Sie irgendwo Hilfe für die Bedrohten?
KT: Eine witzige Ähnlichkeit zwischen Rom und Moskau: beide ermutigen die deutschen Anhänger, und beide lassen

sie stumm und diskret im Stich, wenns zum Klappen kommt. Feine Herren. Und beide: dumm. Denn beidemal ist es nicht etwa ein Schachzug, sondern eine blanke, dicke und schöne Niederlage, über die kein theologisches und kommunistisches Geschäft hinwegtäuschen kann (...) Diese Demokratien sind faul und schwach bis ins Mark. Das sieht man in England, von dem ich das Gefühl habe, daß es eines Tages aufhören wird, eine große Macht zu sein. Wir werden das nicht mehr erleben – die statischen Kräfte sind groß. Aber es führt nicht mehr – es hat seinen guten Instinkt verloren.

JK: Ihr Fazit?

KT: Sonst weiß ich nichts, als daß ich müde von allem bin und *nie* mehr gesund. Nein. Ja. Nein, doch nicht.

»Das Kopfzerbrechen bleibt Versuch.«

Imaginäres Gespräch mit Eugen Roth

*Eugen Roth (*1895 in München, †1976 in München)*

Joachim Kaiser (JK): Sie reimten einmal zur Buchwoche: »Ein Mensch liest Spiegel nicht, noch Stern – er hört nicht Funk, er schaut nicht fern« ...

Eugen Roth (ER): Und schon ruft der hiesige Redakteur des »Spiegels« an, mit der drohenden Frage, wie ich dazu käme ...

JK: Dabei waren Sie doch keineswegs immer nur Buch-Autor, Lyriker, Verfasser der »Ein Mensch«-Gedichte, die Ihnen Millionenerfolge und langandauernde Popularität brachten, sondern zunächst selbst Journalist.

ER: Ich bin am 24. Januar 1895 in München geboren, in der Augustenstraße 21, das Haus steht noch. Im Erdgeschoß betrieb mein Großvater sein kleines Altertümergeschäft, im vierten Stock wohnten wir, mein Vater als Zeitungsschreiber, mehr und mehr wachsend zu einer stadtbekannten Persönlichkeit (...) Als Kind schon war ich fest entschlossen, ein Zeitungsmann zu werden, und früh war ich tätig (...) Lehrjahre in Ettal und München, im Ersten Weltkrieg vor Ypern schwer verwundet, Student... 1922 Dr. phil (1918 »Die Dinge, die unendlich uns umkreisen« – solche Titelungeheuer waren damals schon im Schwang) in der Reihe »Der jüngste Tag« im Kurt-Wolff-Verlag.

JK: Da waren Sie also Autoren-Kollege von Franz Kafka!

ER: Nebenbei, vielmehr hauptsächlich Journalist, ab 1927 Schriftleiter des Lokalen (das dümmste – weil unbedanktesste –, was man werden kann!) bei den »Münchner Neuesten Nachrichten« (...) (der heutigen »Süddeutschen Zeitung«) ... bis mich 1933, nach ein paar tausend umbrochenen Nummern, selbst der »Umbruch« ereilte (...) 1933 fristlose Entlassung, 1935 das große Los gezogen: »Ein Mensch«.

JK: Wenn Sie also Umbruchredakteur, Chef des »Lokalteils«,

und, allerschlimmstes, sogar »Kritiker« waren, dann haben Sie ja hinlänglich durchgemacht, auf welche Weise negative und positive Urteile wirken...

ER: Ein Mensch weiß aus Erfahrung: Lob
Darf kurz und bündig sein, ja grob.
Für *Tadel* – selbst von milder Sorte –
Brauchts lange, klug gewählte Worte.

JK: Nun lernt man als junger Publizist ja viel von den großen Kollegen und Vorbildern...

ER: Eine unvergeßliche Erscheinung der Münchner Lokalpresse war die Schriftstellerin Braunschild, die ihre Aufsätze und Besprechungen mit Alex Braun zeichnete... eine alterslose Dame... mit einem unvorstellbaren Aufwand von Jäckchen, Tüchern, Überwürfen, Pelzchen und Krimskram behängt... Sie trat hoheitsvoll wie eine Zigeunerfürstin auf, verlangte den größten Respekt, war mit keinem Platze zufrieden und quoll von den bittersten Bemerkungen über. Mehr als einmal bin ich als Anfänger auf sie hereingefallen, wenn sie an einer Veranstaltung kein gutes Haar ließ und mich aufforderte, gleich ihr eine vernichtende Kritik über derartige Bodenlosigkeit zu schreiben, es sei die heilige Pflicht der Presse, im Namen der Kunststadt München gegen Kunststümperei und gesellschaftliche Zumutungen aufzutreten.

Ich schrieb dann mutig, im Vertrauen auf solche (Braun-) Schildgenossenschaft, in den »Neuesten« einen geharnischten Bericht, um am gleichen Vormittag in der »Münchner Zeitung« eine zuckersüße Lobhudelei über das reizend gelungene Fest zu lesen.

Solch klaffender Widerspruch zwischen Wort und Tat kann einem freilich bei weitaus ernster zu nehmenden Menschen begegnen: ich habe in meiner graden Art mich schon mit manchem nicht mehr an den Tisch gesetzt, der einen meiner Freunde gekränkt hatte – und sah dann, als der einzige Abseitige, alle meine Freunde wieder am Tisch des Verfemten sitzen, wenn es etwas zu schmausen gab...

JK: Nun gut, diese schreckliche Alex Braun gehört zum Typ der etwas schrillen, hysterischen, operettenhaft aufgemachten und bei alledem enorm macht-bewußten Journalistinnen, die es immer gab und gibt... Doch bei großen Figuren der Münchner Öffentlichkeit, wie etwa Karl Valentin...
ER: An den lebendigen und mehr noch an den toten Karl Valentin haben sich so viele Leute angewanzt, die alle behaupten, jahrelang mit ihm aufs engste befreundet gewesen zu sein, daß denen, die ihn wirklich gut gekannt haben, die Lust vergeht, sich dessen zu rühmen. Aber eine von den vielen Geschichten möchte ich doch erzählen.
Ausgerechnet im Frühsommer des Jahres dreiunddreißig eröffnete Karl Valentin seinen Gruselkeller in der Nähe des Altheimer Ecks und lud mich zu einer Vorbesichtigung ein. Ich kannte den schwarzen Humor des abgründigen Linksdenkers und ging mit Unbehagen hin; aber die Ungeheuerlichkeiten dies verbohrten Hirns, dieses kranken Gemüts übertrafen weit meine schlimmsten Befürchtungen. Kaum war ich im Finstern auf eine quappige Wasserleiche getreten, sah ich durch ein Eisengitter einen verhungerten Sträfling, wurde ich durch ein scheußliches Gespenst genarrt, mußte ich an scheußlichen Folterknechten vorüber – mir stockte der Atem, mir gefror das Blut, während mein unheimlicher Führer, grausam lächelnd, mich immer wieder bereden wollte, das alles für harmlos und witzig zu nehmen. Zum Schluß, als wir aus dem gräßlichen Spukbereich wieder ans Tageslicht getreten waren, sagte ich ihm rundheraus, daß ich für diese Abart seines Humors nichts übrig hätte, und zur Zeit schon gar nicht, wo eine schaudervolle Wirklichkeit jeden fühlenden Menschen mit Abscheu und Entsetzen erfülle – ob er denn von den Untaten in Dachau und in den Schinderstätten überall noch nichts gehört hätte.
Valentin machte ein dummlistiges Gesicht, pfiff ein kurzes »So!« durch die Zähne und entließ mich, enttäuscht, daß ich an seinen tolldreisten Einfällen kein Vergnügen gefunden hatte. Nicht lange hernach traf ich ihn auf der Straße, er kam

auf mich zu und lachte triumphierend: »Sie, weil Sie g'sagt hamm, daß Ihnen mein Gruselkeller nett g'fallt – am selben Nachmittag noch war der Gauleiter Wagner da, was meinen S', wie der g'lacht hat! I hab ihm des erzählt, der Doktor Roth, hab i g'sagt, der hat sich aufg'regt, so was, hat g'sagt, braucht man jetzt net künstlich machen, wo's doch in Dachau und so an der Tagesordnung ist!«

JK: Eigentlich scheint es verwunderlich, daß Ihre Verse gerade in der Nazizeit einen so gewaltigen Erfolg hatten. Sie machen Ihr Granteln an lauter Alltagserfahrungen fest. Überhaupt kein Schwung, kein Gemeinschaftsgefühl. »Ich? Ich gehör' zu keiner Gruppe.« Statt dessen Jammern über Mißerfolge, Krankheiten, albern-unglückselige Begräbnisveranstaltungen, einen erfolglosen Besorgungsvormittag, eine scheußliche Kaffeenacht, ewiges Pech. Ihr fast zwanghaftes »Privat-Sein-Wollen« wirkt wie eine Reaktion auf die Zumutungen des »Öffentlichen«. Vielleicht sehnten sich die Menschen insgeheim gerade danach... Noch 1918, als junger Expressionist, haben Sie in dem Gedicht »Gesang der Jünglinge« das pathetische »Wir« betont: »Wir wissen den Weg/Und wollen nicht klagen.« Und im »Gesang der Frauen« heißt es nicht minder pathetisch: »Wir möchten als Kämpfer/Neben Euch schreiten/Unendliche Wege. Wir möchten aufsteigen/Zu Euerer Freiheit.« Doch als dann die Diktatur den Gemeinsinn zum Daseinszweck erhob – reagierten Sie individualistisch.

ER: Ein Mensch, der aus der Zeitung hört,
Er sei aufs äußerste empört
Und schreie, in bewußter Sache,
Als Mann des Volkes laut nach Rache,
Behorcht sich tief und ist erstaunt,
Daß nichts in ihm, selbst leis nur, raunt...

JK: Können anständige Menschen sich denn gar nicht wehren. Etwa mit kluger Vorsorge?

ER: Ein Mensch, der willens, lang zu leben,
Beschließt dem Tod zu widerstreben
Und a) durch strenges Selbstbelauern
Die Krisenzeit zu überdauern
Und b) zu hindern die Vermorschung
Durch wissenschaftlich ernste Forschung
... Ein Mensch, wie dieser, muß auf Erden
Unfehlbar hundertjährig werden.
Das Schicksal aber, das nicht muß
Macht unversehens mit ihm Schluß.

JK: Wie bayrisch-grantelig-unsentimental! Halten Sie auch nichts davon, sich mit Mut und Tapferkeit zu helfen?

ER: Zwei Dinge trüben sich beim Kranken:
a) der Urin, b) die Gedanken.

JK: Keine Hoffnung also, wenn das Alter, die Mißgunst und gefährliche politische Entwicklungen drohen?

ER: Die Zeitung meldet schlimme Sachen
Kurzum – der Mensch hat nichts zu lachen.
Er lacht auch nicht. Jedoch er stellt
Dem tückischen Schicksal sich als Held:
Auf Freund und Frau verzichtet er,
Das Telephon vernichtet er,
Umgehend zahlt er seine Steuer,
Den Holzschnitt wirft er in das Feuer
Und reißen läßt er sich den Zahn:
Was menschenmöglich, ist getan.
Und trotzdem geht es schlimm hinaus:
Das Schicksal hält es länger aus.

JK: Was wäre daraus zu lernen?

ER: Das Kopfzerbrechen bleibt Versuch –
Ernst wird es erst beim Schädelbruch (...)
Ein Mensch schaut in die Zeit zurück
Und sieht: Sein Unglück war sein Glück.

»Man muß schon Selbstvertrauen besitzen, um Champion zu werden.«

Imaginäres Gespräch mit Ernest Hemingway

Ernest Hemingway
*(*1899 in Oak Park / Ill., †1961 in Ketchum / Id.)*

Joachim Kaiser (JK): Sie haben Bücher geschrieben, die Welterfolge und so berühmt wurden, daß man »Wem die Stunde schlägt«, »Fiesta« oder »In einem andern Land« allen Ernstes als die bedeutendsten Werke seit Shakespeare pries. Dabei führten Sie wahrlich nicht das Leben eines Nur-Literaten, sondern Sie begeisterten sich kenntnisreich für Stierkampf in Spanien, Großwildjagd in Afrika, den Angelsport in Canada. Ihre Whisky-Orgien in Venedig, Ihre Scheidungs-Affären versorgten die Sensationspresse Amerikas und Europas reichlich mit Stoff. Und als Sie einmal innerhalb von 48 Stunden gleich zwei Flugzeug-Bruchlandungen zu überstehen hatten...

Ernest Hemingway (EH): Ich will als Schriftsteller gelten, nicht als ein Mann, der an Kriegen teilgenommen hat; oder als einer, der sich in Kneipen prügelt; oder als Schütze... oder als Trinker. Ich will nichts als ein Schriftsteller sein.

JK: Aber Ihr für einen Literaten ziemlich untypisches, allzu männliches Draufgängertum...

EH: Ich bin seit dem 8. Juli 1918 nie mehr ein Draufgänger gewesen, seit jener Nacht...

JK: Eine gewaltige Detonation machte Sie am 8. Juli 1918 an der italienischen Front bewußtlos. Als Sie vom Schock erwachten, Tote und Verletzte um sich sahen, luden Sie einen Verletzten auf den Rücken und schleppten ihn zum Verbandsplatz, konnten sich aber später nicht mehr daran erinnern – ein italienischer Offizier mußte Ihnen den Hergang erzählen...

EH: Ich bin... nie mehr ein Draufgänger gewesen, seit jener Nacht, in der ich entdeckte, daß auch das Eitelkeit war.

JK: Trotzdem hat die literarische Kritik immer wieder darauf hingewiesen, daß Sie als Abenteurer und Stierkampf-Enthusiast im Grunde den Tod suchten...

EH: Zum Sterben: Das müssen wir, aber es gibt keinen Grund, warum wir dem Bedeutung beimessen sollten (...) Man kann einen Mann, der Menschen getötet hat (bewaffnet), daran erkennen, daß seine Augen gewöhnlich kein bißchen blinzeln. Die Augen eines Lügners blinzeln dauernd. Treffen Sie sich mal mit André Malraux...

JK: Sie haben Ihr Schriftsteller-Metier ungemein bewußt ausgeübt und eine Prosa ohne jedes literarische Fett angestrebt.

EH: Heutzutage muß ein Schriftsteller schreiben, was noch nie geschrieben worden ist, oder er muß schlagen, was die Toten gemacht haben.

JK: Fühlten Sie sich wirklich in gleichsam sportiver Konkurrenz mit den großen Autoren vergangener Jahrhunderte? Mit Dostojewski, Tolstoi, Flaubert?

EH: Mit dem großen Buch hoffe ich Mr. Melville und Mr. Dostojewski zu schlagen... Aber man kann nur ein paar wenige solcher Rennen machen. Dabei geht einem die Puste aus. Ich weiß, das hört sich nach Angeberei an, aber Jesses, man muß schon Selbstvertrauen besitzen, um Champion zu werden, und das ist das einzige, was ich mir immer gewünscht habe (...) Jeder Schriftsteller sollte für sich allein arbeiten. Sie sollten nur miteinander sprechen, wenn die Arbeit getan ist, und auch dann nicht zu oft. Sonst werden sie wie die Schriftsteller in New York, lauter Angelwürmer in einer Flasche, die Wissen und Nahrung aus dem Kontakt mit dem andern und der Flasche zu ziehen suchen (...) Zu viele Faktoren müssen zusammenwirken, damit es möglich wird.

JK: Wovon reden Sie jetzt?

EH: Vom Schreiben, wie es heute möglich ist. Was sich mit Prosa machen läßt, wenn es einem ernst genug damit ist und man Glück hat. Es gibt eine vierte und fünfte Dimension, die man erreichen kann.

JK: Und warum erreichen so viele Autoren diese Dimensionen nicht?

EH: Wir zerstören sie auf alle mögliche Art und Weise. Zuerst wirtschaftlich. Sie verdienen Geld... Dann, sobald unsere Schriftsteller etwas Geld verdient haben, verbessern sie ihre Lebenshaltung, und schon sind sie in der Falle. Sie müssen für den Unterhalt ihrer Hausstände, ihrer Frauen und so weiter schreiben und schreiben Schund. Sie schreiben nicht absichtlich Schund, sondern weil es so schnell gehen muß. Weil sie schreiben, wenn sie nichts zu sagen haben oder kein Wasser im Brunnen ist. Weil sie ehrgeizig sind. Dann, wenn sie sich einmal verkauft haben, suchen sie es zu rechtfertigen, und dann gibt es mehr Schund. Oder sonst lesen sie die Kritiken. Wenn sie den Kritikern glauben, wenn diese sagen, daß ihre Bücher großartig sind, dann müssen sie ihnen auch glauben, wenn sie sagen, daß sie miserabel sind, und verlieren ihr Selbstvertrauen.

JK: Nach sehr viel Respekt vor der Arbeit der Rezensenten klingt das nicht gerade.

EH: Alles kritisieren ist sowieso Scheiße. Keiner hat davon eine Ahnung, außer einem selbst. Weiß Gott, Leute, die dafür bezahlt werden, zu allem eine Meinung zu haben, professionelle Kritiker, machen mich krank; kastrierte Marketender der Literatur. Die sich noch nicht einmal prostituieren. Völlig keusch und steril. Und wie wohlmeinend und hochgesinnt.

JK: Beziehen Sie in diese Ablehnung auch Amerikas bedeutendsten Literaturkritiker Edmund Wilson ein, mit dem Sie doch jahrzehntelang verbunden waren?

EH: Wie die Dinge liegen, wird es vermutlich bald keine Schriftsteller geben, sondern nur noch Kritiker (...) Wilson... ist extrem unehrlich sowohl, was Geld angeht, als auch, was seine Freunde und andere Schriftsteller angeht. Ich kenne keinen, der sich derart bemüht, ehrlich zu sein, und der weniger echte innere Ehrlichkeit in sich hat. Seine Kritik wirkt, als ob man zweitklassige Evangelien liest, die von jemand geschrieben sind, der auf Bewährung entlassen ist... Er ist der große Schein-Aufrichtige, Schein-Künstler, scheingroße Kritiker unserer überaus traurigen Zeit.

JK: Vielleicht sollten wir nun zu einem anderen Thema übergehen. Ihr Privat-Leben, Ihre von Ihnen geschiedenen, ehemaligen Ehe-Frauen, deren Berichte ein ziemlich beklemmendes Bild...

EH: Ich höre... daß... Martha... sehr verbittert von mir spricht. Aber das ist ganz natürlich. Ich würde nicht allzuviel davon glauben. Ich glaube, niemand bekommt einen sehr genauen und glaubwürdigen Bericht von einem der beiden Partner einer gescheiterten Ehe...

JK: Ihre Mutter aber...

EH: Meine Mutter ist sehr alt, ihr Gedächtnis ist mehr als getrübt, und sie neigt zu phantastischen Behauptungen. In letzter Zeit habe ich, da sie so alt ist, die Rolle des anhänglichen Sohnes gespielt, denn das gefällt ihr. Aber ich hasse sie, und sie haßt mich. Sie hat meinen Vater in den Selbstmord getrieben, und später einmal, als ich ihr schrieb, sie solle bestimmte wertlose Grundstücke verkaufen, weil die Steuern sie auffraßen, schrieb sie zurück: »Droh mir nie, daß ich dies oder das tun soll. Dein Vater hat das einmal versucht, als wir gerade geheiratet hatten, und das hatte er sein Leben lang zu bedauern.« Ich antwortete: »Meine liebe Mutter, ich bin ein ganz anderer Mensch als mein Vater, und ich drohe niemandem. Ich kann Dir nur versprechen: Wenn ich sage, daß ich, wenn Du gewisse vernünftige Dinge nicht tust, zu Deinem Unterhalt nicht mehr beitragen werde, dann meine ich es auch so.« Danach hatten wir keinen Ärger mehr.

JK: Ihr Blutdruck stieg auf 250/125, Ihr Gewicht war beträchtlich. Der Alkohol...

EH: Ich glaube, ich kann sagen, daß ich nie betrunken war, wenn ich irgendeine Verpflichtung hatte, und im sogenannten bürgerlichen Leben bin ich nie betrunken, außer wenn ich mich sehr langweile... Der einzig teure Wein, den ich trinke, ist ein guter Brut Champagner. Der und wirklich guter Kaviar sind die einzigen Dinge, die ich kenne, die kostspielig sind und die das, was sie kosten, wert sind... Halten Sie bitte nie jemanden, nur weil er einen schweren Körper hat, für schwerfällig (...) Ich halte mich gewissenhaft an die Diät und die Leibesübungen, wiege 206 und sehe recht gut aus... Das Dumme ist: Immer wenn es in meinem Leben mal richtig schlecht aussah, konnte ich etwas trinken, und gleich sah es besser aus. Wenn man nichts trinken kann, ist das anders. Ich habe nie gedacht, daß man mir den Wein wegnehmen könnte. Aber man kann... Ich selbst würde alle Auszeichnungen der Welt gegen zwei gute Flaschen Bordeaux täglich eintauschen und dafür, daß ich meinen Black Dog wiederhätte, jung und gesund, statt dessen liegt er unten am Teich neben dem Tennisplatz begraben.

JK: Wie möchten Sie denn am liebsten leben?

EH: Für mich wäre der Himmel eine große Stierkampfarena, wo ich zwei barrera-Plätze hätte und draußen einen Forellenbach, in dem kein anderer angeln dürfte, und zwei entzükkende Häuser in der Stadt; eines, wo ich meine Frau und Kinder hätte und monogam lebte und sie sehr aufrichtig lieben würde, und ein anderes, wo ich auf 9 verschiedenen Etagen meine neun schönen Mätressen halten würde... Schreiben würde ich draußen auf der Hacienda...

JK: Was für ein Traum. Aber das Schicksal...

EH: Zur Hölle mit der Kirche, wenn sie zum Staat wird, und zur Hölle mit dem Staat, wenn er zur Kirche wird (...) Die Welt ist so rauh und kann uns so viel antun und auf so viele Arten zerbrechen, daß es scheint, als ob sie Spott mit uns treibt, wenn sie Unfälle oder Krankheiten dazu benutzt... Aber man kann mit der Hölle nichts anderes machen, als sie durchzustehen. Wenn man sie durchstehen kann. Und das muß man. Oder zumindest werde ich es immer tun, nehme ich an... der wahre Grund, keinen Selbstmord zu begehen, ist, daß man weiß, wie herrlich das Leben wieder wird, wenn die Hölle vorbei ist.

»Die Gänse auf dem Capitol waren keine Pessimisten.«

Imaginäres Gespräch mit Arthur Koestler

*Arthur Koestler (*1905 in Budapest, †1983 in London)*

Joachim Kaiser (JK): Sie wurden gescholten, gehaßt und bewundert als der berühmteste Anti-Kommunist des 20. Jahrhunderts. Ihr Name war Symbol: Die Stalinisten, die europäische Linke und die renegatenfeindlichen Liberalen sprachen vom »Koestlerismus«, wenn sie die Haltung eines ressentimentgeladenen Antikommunismus verächtlich machen wollten.

Arthur Koestler (AK): Solange ich Kommunist war, fühlte ich mich umgeben von der Sympathie von fortschrittlich gesinnten Menschen, die den Kommunismus nicht mochten, aber meine Überzeugungen achteten. Nach meinem Bruch mit dem Kommunismus behandelte mich die gleiche Kategorie von Leuten mit bitterer Verachtung... Ehemalige Kommunisten sind nicht nur lästige Kassandras, wie es die Emigranten waren; sie sind auch gefallene Engel, welche die Taktlosigkeit begehen zu verraten, daß es in ihrem Himmel nicht ganz so zugeht, wie man es sich vorstellt.

JK: Alle Emigranten mußten diese Rolle der lästigen Warner auf sich nehmen. Dabei war es wirklich nicht Kassandras Schuld, daß Troja fiel...

AK: Wäre Kassandra von den Göttern mit einem sonnigeren Temperament ausstaffiert worden, wäre es ihr vielleicht gelungen, den Trojanischen Krieg zu verhindern. Vielleicht lag es daran, daß die prophetischen Warner immer solche Miesmacher waren, angefangen mit jenen dürren Wüstenhebräern... Die Warnung ist grundsätzlich lebensbejahend. Die Gänse auf dem Capitol waren keine Pessimisten, aber Kassandra war es. Deshalb hatten die Gänse mit ihrer Warnung Erfolg, Kassandra jedoch nicht.

JK: Werden Renegaten oder Konvertiten wirklich als fanatische Miesmacher verachtet?
AK: Die Welt achtet den katholischen oder den kommunistischen Konvertiten, verabscheut aber die davongelaufenen Priester aller Bekenntnisse. Diese Haltung wird als Abneigung gegen das Renegatentum erklärt. Auch der Konvertit ist ein Renegat... Ihm vergibt man trotzdem, da er einen Glauben *gewonnen* hat, während der Exkommunist oder der Priester ohne Soutane einen Glauben *verloren* haben – und damit zum gefährdenden Mahnzeichen des furchtbaren, drohenden Vakuums geworden sind.
Ein trauriges Beispiel dieser Art ist die Episode, die meiner Freundschaft mit Sir Peter Chalmers-Mitchell ein Ende bereitete, trotz meiner Achtung und Zuneigung für ihn. Wir sahen uns häufig bis 1941. Kurz nach dem Erscheinen von »Sonnenfinsternis«...
JK: Das war Ihr gewiß aufregendstes, erfolgreichstes Buch, in dem Sie die mörderische Technik und geständniserzwingende Taktik der stalinistischen Prozesse darstellten ...
AK: ... aßen wir in Soho zu Mittag, in Gesellschaft einer gemeinsamen Freundin, Daphne Hardy, der Übersetzerin des Buches. Nach dem Essen fuhren wir zu dritt in der Untergrundbahn nach Kensington. Wir hatten Wein getrunken und waren in angeregter Stimmung. Plötzlich beugte sich Sir Peter über Daphne hinweg, die zwischen uns saß, und sagte zu mir: »Ich muß Ihnen ganz ehrlich sagen, ich mag Ihren Roman gar nicht. Wie schade, daß Sie sich für dreißig Silberlinge verkauft haben.« Ich glaubte zuerst, er scherze, aber dem war nicht so: der Wein hatte ihn dazu gebracht, mir seine wahre Meinung über mich zu sagen. Wir mußten in dem lärmenden Zug ziemlich laut sprechen, und das über Daphne hinweg, die völlig versteinert dasaß. Ich sagte: »Ich beschwöre Sie, nehmen Sie das zurück, oder wir können uns nie mehr sehen«; er blieb aber störrisch bei seinen Worten. Zum Schluß stiegen Daphne und ich aus – und das war das

letztemal, daß ich Sir Peter sah. Er wurde 1945 von einem Autobus überfahren und getötet. Er war nie Kommunist gewesen. Er war mir ein warmherziger und großzügiger Freund. Stalins Pakt mit Hitler gefiel ihm nicht. Aber Menschen, die ihren Club wechselten, gefielen ihm noch weniger.

JK: Sie wurden freilich ein sehr militanter Antikommunist. »Gegen die Cholera gibt es keine Neutralität«, riefen Sie auf dem berühmten »Kongreß für Kulturelle Freiheit«, der 1950 in Berlin stattfand. Polarisierung war Ihnen Bedürfnis. Als junger Student in Wien traten Sie einer schlagenden zionistischen Verbindung bei.

AK: Das Ziel dieser Burschenschaften war, der Welt zu beweisen, daß die Juden im Duellieren, Saufen, Singen, Bramarbasieren nicht weniger ihren Mann zu stellen verstanden als jeder andere auch. Es dauerte nicht lang, da wurden sie nach den Gesetzen der Überkompensation päpstlicher als der Papst. Die Gründer der ersten zionistischen Burschenschaft übten sich sechs volle Monate lang volle acht Stunden im Tag in der Kunst des Säbelfechtens im »Deutsch-Hoch-Stil«; dann zogen sie zum erstenmal in voller Wichs in der Aula der Wiener Universität auf. Als sich die Teutonen, Saxonen, Gothen und Vandalen von ihrem Staunen erholt hatten, fing eine wüste Schlägerei an ...

JK: Sie haben sich unter den Burschenschaftlern wohler gefühlt als später unter Journalisten oder Politikern. In Ihrem Werdegang gab es enorm verschiedene Phasen. Der erfolgreiche Ullstein-Journalist in Berlin, Paris, Haifa, der Sowjet-Union noch vor 1933. Der leidenschaftlich mitarbeitende Kommunist. Der zur Einsicht gelangte große Schriftsteller, der die geschlossenen Systeme durchschaut und die »Geheimschrift« des Daseins lesen möchte ...

AK: Nun habe ich Ereignissen, die sich serienweise einstellen, von jeher eine vielleicht abergläubische, aber tiefe Bedeutung zugemessen. Wenn sich in einer kurzen Zeitspanne größere und kleinere Mißgeschicke häufen, scheinen sie eine symbolische Warnung auszudrücken, als zupfe einen eine stumme Macht am Ärmel.

JK: Sie nahmen solche Mahnungen, das Leben umzugestalten und Stellung zu beziehen, verdammt ernst. Zum jüdischen Problem äußerten Sie sich rücksichtslos kategorisch:

AK: Selbsthaß ist der Patriotismus der Juden (...) Um den *circulus vitiosus* des Verfolgtwerdens, weil man ›anders‹ ist, und das ›Anderssein‹, weil man verfolgt wird, zu durchbrechen, müssen sie zu einer klaren Entscheidung gelangen... Sie müssen entweder dem Geheiß ihrer Religion folgen und ins Gelobte Land zurückkehren – oder zugeben, daß dies nicht länger ihr Glaube ist. Den jüdischen Glauben aufgeben bedeutet nicht, daß man die beständigen Werte der jüdischen Tradition über Bord wirft. Ihre wesentlichen Lehren sind längst in den Hauptstrom des jüdisch-christlichen Erbes eingegangen...

JK: Diese Alternative klingt eindeutig und streng-unausweichlich. An Courage fehlte es Ihnen ja nie. Sie zeigten nicht die mindesten Hemmungen, sogar eine »Elegie auf die Freudenhäuser« von Paris zu verfassen. Da werden Sie ganz sehnsüchtig. Aber am liebsten lebten Sie wohl doch in England, wo Sie sich, als Sohn eines ungarischen Vaters und einer österreichischen Mutter in Budapest geboren, dann doch noch eine wunderbar gemütliche »Datscha« bei Alpbach einrichteten. In England aber...

AK: Mit ungewollter Ironie wählte ich... ein Land zur Heimat... das allen Weltanschauungen mißtraut, alle Ideologien verachtet, alle Utopien mit Skepsis betrachtet... Ich fühle mich bestrickt von einer Zivilisation, deren soziale Normen der genaue Gegensatz meiner eigenen waren: die »Charakter« über »Gescheitheit« stellte, Stoizismus über Temperament, Nonchalance über Fleiß, verlegenes Stammeln über Beredsamkeit. Und noch mehr zog mich die englische Haltung gegenüber der Außenwelt an, die ich in der Maxime zusammenfaßte: »Sei freundlich zu einem Ausländer; der arme Kerl kann nichts dafür.«

JK: In England haben Sie mit dem politisch-antikommunistischen Agitieren fast aufgehört. Das Thema war für Sie erledigt. Jetzt stand wieder, wie beim journalistischen Anfang Ihrer Karriere, Naturwissenschaftliches für Sie im Mittelpunkt. Die ökologische Katastrophe. Das absehbare Ende der Menschheit. Der Eigendünkel, daß wir Menschen uns als »Krone der Schöpfung« bezeichnen... Falls es nicht zu einer Mutation, zu einer Veränderung des menschlichen Hirns komme, hätte Ihrer Ansicht nach der Mensch keine Zukunft, müsse er den Weg der Dinosaurier gehen.

Gleichwohl nahmen Sie den menschlichen Verstand, unser menschlich-sittliches Entscheidungsvermögen in Schutz. Menschlicher Geist sei kein vorhersehbar handelnder Automat, sei mehr als bloß Marionette gegebener gesellschaftlicher und biologischer Umstände.

AK: Heisenberg... sagte vor kurzem: »Die Natur ist unvorhersehbar.« Es wäre absurd, wollte man dem lebendigen Organismus auch nur jenes Maß an Unberechenbarkeit absprechen, das die Quantentheorie der unbelebten Natur zubilligt... Ein bekannter Experimentalpsychologe in Oxford schrieb: »Wenn Koestler sich davon überzeugen möchte, daß menschliches Verhalten, also auch sein eignes, vorhersagbar ist, bin ich gern bereit, zehn Aussagen über Koestlers Verhalten im Lauf der kommenden Woche schriftlich zu fixieren und sie in einem versiegelten Umschlag an die Redaktion zu senden. Ich bin willens, um einen großen Geldbetrag zu wetten, daß Koestlers Verhalten meinen Voraussagen entsprechen wird.«

Hier bot sich endlich eine Möglichkeit, ein altes Problem durch einen beweiskräftigen Versuch zu lösen. Ich beeilte mich, die Wette anzunehmen, unter der Voraussetzung natürlich, daß so triviale Voraussagen wie »Koestler wird essen, schlafen, Kohlendioxyd ausatmen usw.« ausgeschlossen sein sollten. Daraufhin machte der Oxforder Psychologe die

Wette mit der entwaffnenden Begründung rückgängig, er »erhebe nicht den Anspruch, mehr voraussagen zu können als triviales Verhalten«.

Dieser Satz scheint mir die Errungenschaften von fünfzig Jahren rattomorphistischer Psychologie ausgezeichnet zusammenzufassen.

»Die Männer sind unheilbar krank.«

Imaginäres Gespräch mit Ingeborg Bachmann

*Ingeborg Bachmann (*1926 in Klagenfurt, †1973 in Rom)*

Joachim Kaiser (JK): Ihre Bewunderer, verehrte Ingeborg Bachmann, haben Sie von Anfang an, vom Erscheinen Ihres ersten Lyrik-Bandes »Die gestundete Zeit« für eine Dichterin von Rang gehalten, für eine Sprachkünstlerin sondergleichen. Viele waren gewiß ein wenig traurig darüber, daß Sie dort, wo die deutsche Sprache gesprochen wird, nicht leben mochten, schon in den fünfziger Jahren nach Italien gingen und seit 1965 in Rom lebten.

Ingeborg Bachmann (IB): Über Orte läßt sich schlecht rechten, und warum einer gerade da lebt, wo er lebt, das kann er einem andern sowieso nie begreiflich machen. Die Gründe, die er anführen kann, sind ihm selbst nicht geheuer: Berlin hat eine so gute Luft. Rom – mit dieser Architektur, und zehn Monate lang die Sonne obendrein. In München kann man die besten Konzerte hören. In Hintertupfing wird die ersehnte Einsamkeit perfekt. In Paris ist eben doch immer noch am meisten los. – Das kennen wir. Aber das sind doch, genau besehen, keine Gründe, sondern nachgeplapperte oder offizielle Verabredungen über den Ort, mit denen man sich aus der Affäre zu ziehen versucht, um über Fluchtpunkte und Schwerpunkte, die man sich selber schafft, schweigen zu können.

JK: Äußern Sie sich wirklich so ungern über die Gründe, die Sie dazu brachten, sozusagen nach Rom zu emigrieren?

IB: Zugegeben, daß ich nicht mehr weiß, warum ich hier lebe; denn ich schreibe ja über Wien, oder ich bin vielmehr, wenn ich schreibe, in Wien... Zugegeben, daß hier das Leben ist, wie es überall ist: eines Tages wird jemand heiraten, jemand wird einen Lehrstuhl bekommen, jemand wird sich erhängen, in eine Nervenklinik kommen; es wird alles wie überall sein, kein Kolosseum, kein Kapitol helfen darüber hinweg, und was also hilft einem dann hier zwar nicht hinweg, aber doch zu leben? Zugegeben, daß die Leute hier auch nicht besser sind als anderswo, aber fünf Minuten auf der Straße und ein kleiner Anflug von Wahnsinn, eine Versuchung, das alles ganz aufzugeben, sind dann doch plötzlich abgewendet. Zugegeben, die Leute sind etwas schöner und sehr freundlich, aber man weiß ja, was dahintersteckt. Weiß man es aber wirklich? Man weiß doch gar nichts. Mir genügt es, daß die Leute nicht unfreundlich sind, sondern freundlicher sind. Zugegeben, daß man hier aufhört, die Dinge allzu ernst zu nehmen; denn in 2500 Jahren ist viel Wasser den Tiber hinuntergelaufen, und das weiß hier wirklich jeder. Vor das Leben ist das Wort Pazienza geschrieben, also Geduld, Geduld. Hier sind Krisen, Staatskrisen, private Krisen, eher Kinderkrankheiten. Die Leute wissen schon, daß man einfach miteinander auskommen muß...

JK: Und ihr Verhältnis zu Wien?

IB: Haßliebe. Ich bin daher sehr früh weggezogen, und da war es nur Haß, und dann habe ich beim Schreiben bemerkt, daß ich ja immer wieder über Wien schreibe und immer wieder über Österreich, und wenn ich noch so lange in Italien lebe, daß ich nicht über Italien schreiben kann... Und jetzt wird diese Haßliebe immer geringer, denn plötzlich glaube ich, daß ich sogar gern nach Wien zurückgehe (...) Aber Wien hat nicht mehr viel Zeit, es gleitet aus, die Häuser schlafen ein, die Leute machen immer früher das Licht aus, es ist niemand mehr wach, ganze Stadtviertel werden von einer Apathie erfaßt, man kommt nicht mehr zueinander, man geht nicht mehr auseinander, aber es entstehen noch einsame Überlegungen und die erratischen Monologe in der Nacht...

JK: Die lyrischen und mehr noch die großen episch-erzählenden Werke, die Sie dieser Haßliebe zu Ihrer österreichischen Heimat und der deutschen Sprache abgewonnen haben, werden von modernen Interpreten, zumal von klugen Literaturwissenschaftlerinnen, in zunehmendem Maße auch als Dokumente eines unbeugsamen emanzipatorischen Stolzes, als Texte weiblichen Freiheitswillens begriffen.

IB: Die meisten Frauen brauchen eine Hoffnung, etwas, was man ihnen noch nie gesagt hat. Ich brauche es nicht, ich weiß es schon lange, nämlich, daß sie fähig sind, genauso zu denken, genauso scharf zu denken, wie die Männer. Daß sie genauso fähig sind, daß sie sogar weniger eitel sind, daß sie zu größeren Leistungen imstande sind als Männer. Daß sie kein Mitleid brauchen und zu jedem Opfer fähig sind, um etwas zu tun.

JK: So rückhaltlos vertrauen Sie der Kraft zur Emanzipation?

IB: Vielleicht ist das sehr merkwürdig für Sie, wenn ausgerechnet eine Frau, die immer ihr Geld verdient hat, sich ihr Studium verdient hat, immer gearbeitet hat, immer allein gelebt hat (...) – Die Ehe ist eine unmögliche Institution. Sie ist unmöglich für eine Frau, die arbeitet und die denkt und selber etwas will – (...) wenn sie sagt, daß sie von der ganzen Emanzipation nichts hält. Die pseudomoderne Frau mit ihrer quälenden Tüchtigkeit und Energie ist für mich immer höchst seltsam und unverständlich gewesen.

JK: Das Verhältnis, genauer: das mörderische Mißverhältnis der Geschlechter zueinander hat in ihrem epischen Werk eine bedeutende Rolle gespielt von der Novelle »Undine geht« bis hin zum Romanzyklus »Todesarten«. So deuteten Kritiker den Beginn jener Undine-Novelle – »Ihr Menschen! Ihr Ungeheuer! Ihr Ungeheuer mit Namen Hans! Mit diesem Namen, den ich nie vergessen kann« – unter der Hand sogar als autobiographische Anspielung auf Ihre lange und künstlerisch so ergiebige Beziehung zu Hans Werner Henze.

IB: Was die Kritik mit Bedacht und mehr wohl noch mit Unbedacht äußert, ist der schlechteste Ausgangspunkt für die Unterhaltung mit einem Autor – verzeihen Sie. Wenn ich eins wäre mit diesem abgestempelten und durchinterpretierten Gespenst... würde ich meine Schreibmaschine zumachen und auf und davon gehen (...) Die Undine ist keine Frau, auch kein Lebewesen, sondern, um es mit Büchner zu sagen, »die Kunst, ach die Kunst«. Und der Autor, in dem Fall ich, ist auf der anderen Seite zu suchen, also unter denen, die Hans genannt werden.

JK: So stehen Sie in der Undine-Novelle gewissermaßen auf Seite der Männer?

IB: Die Männer sind unheilbar krank.

JK: Aha? Woran sind die Männer unheilbar krank?

IB: Sie sind es.

JK: Sie sind es?

IB: Wissen Sie das nicht? (...) Glück hat man manchmal, die meisten Frauen haben aber bestimmt nie Glück. Was ich meine, hat nichts damit zu tun, daß es angeblich einige gute Liebhaber gibt, es gibt nämlich keine. Das ist eine Legende, die muß einmal zerstört werden, es gibt höchstens Männer, mit denen es völlig hoffnungslos ist, und einige, mit denen es nicht ganz so hoffnungslos ist... Für ihn ist es ja leicht, wenig an die Frauen zu denken, denn sein krankes System ist unfehlbar, er wiederholt, er hat sich wiederholt, er wird sich wiederholen. Wenn er gern die Füße küßt, wird er noch fünfzig Frauen die Füße küssen, warum soll er sich also beschäftigen in Gedanken, bedenklich wegen eines Geschöpfs, das sich zur Zeit gern von ihm die Füße küssen läßt, so meint er jedenfalls. Eine Frau aber muß damit fertig werden, daß jetzt ausgerechnet ihre Füße an der Reihe sind, sie muß sich unglaubliche Gefühle erfinden und den ganzen Tag ihre wirklichen Gefühle in den erfundenen unterbringen, einmal damit sie das mit den Füßen aushält, dann vor allem, damit sie den größeren fehlenden Rest aushält, denn jemand, der so an den Füßen hängt, vernachlässigt sehr vieles andere.

JK: Enteilen wir den Füßen. Können Sie etwas über die Situation der deutschen Gegenwarts-Literatur sagen?

IB: Ziemlich schwierig ist es, zur Situation etwas zu sagen, weil ich das meiste sehr deprimierend finde und über den ständigen Niveauverlust entsetzt bin. Zum Glück gibt es

Ausnahmen (...) Es gibt einige junge Schriftsteller, die nicht nur Talent haben, sondern fast mühelos über Stilmittel verfügen, so daß man im ersten Augenblick nicht zu sagen wüßte, warum ihre Produkte deprimieren. Sie operieren, glaube ich, mit den stilistischen Eroberungen andrer und verzichten darauf, selber eine Eroberung zu machen. Das ist es, was sich als Mangel mitteilt, das Uneigene, das Aufgelesene (...) Man muß die Aktualitäten seiner Zeit korrumpieren, man darf sich nicht von den Phrasen, mit denen diese Aktualitäten einem aufgedrängt werden, korrumpieren lassen. Ein Schriftsteller hat die Phrasen zu vernichten, und wenn es Werke auch aus unserer Zeit geben sollte, die standhalten, dann werden es einige ohne Phrasen sein.

JK: Ihre Prosa, die mit zarter Eleganz grimmig exzentrische Visionen ausdrückt, hatte es bei der kritischen Öffentlichkeit auffällig schwerer als Ihre Gedichte.

IB: Jedesmal, wenn ein neuer Schriftsteller in eine noch unerforschte, ungestaltete Domäne eintritt, erscheint es wie ein Sakrileg. Als Dumas der Jüngere die Prostitution und als Flaubert den Ehebruch, beides seit jeher existierend, zu Objekten genauester Darstellung machten, waren diese auch noch kein Gegenstand der Kunst gewesen. Der Geschmack der Leser allerdings ist, damals wie heute, charakterisiert durch einen Horror vor jeder Gegenüberstellung mit der Realität.

JK: Aber idyllische Naturlyrik, vor der niemand einen Horror empfindet, wollen Sie gewiß auch nicht verfassen?

IB: Nein, gewiß will ich das nicht. Die Natur oder was man im Zusammenhang mit Lyrik unter Natur versteht, interessiert mich überhaupt nicht... Ich kann kaum drei Blumensorten auseinanderhalten (...) Vielleicht kann man sogar sagen, daß ich eine Kämpfernatur bin.

ANHANG

I. Nachweis der Zitate

(Die angeführten Buchtitel beziehen sich auf das unter Punkt II. in alphabetischer Reihenfolge angeordnete Gesamtverzeichnis der zitierten Quellen und Sekundärliteratur)

(1) Imaginäres Gespräch mit Immanuel Kant (S. 11–S. 17)

»Das Weib wird...«, in: Werke, Bd. 6, S. 656 (Anthropologie in pragmatischer Hinsicht)
»Die Frau will herrschen...«, in: Werke, Bd. 6, S. 652 (Anthropologie)
»Wer liebt...«, in: Werke, Bd. 6, S. 582 (Anthropologie)
»Die moralischen Eigenschaften...«, in: Werke, Bd. 6, S. 656 (Anthropologie)
»Gelehrte lassen sich...«, in: Werke, Bd. 6, S. 523 (Anthropologie)
»In der Liebe...«, in: Werke, Bd. 1, S. 876 (Beobachtungen über das Gefühl des Schönen und Erhabenen)
»Faulheit und Feigheit...«, in: Werke, Bd. 6, S. 53 (Beantwortung der Frage: Was ist Aufklärung?)
»Man kann ein...«, in: Werke, Bd. 6, S. 422 (Anthropologie)
»Allein es ist einmal...«, in: Werke, Bd. 1, S. 610 (Die vier falschen Spitzfindigkeiten der vier syllogistischen Figuren)
»Das Feld der Philosophie...«, in: Werke, Bd. 3, S. 447f. (Logik)
»Unser Zeitalter ist...«, in: Werke, Bd. 2, S. 13 Fußnote (Aus der Vorrede zur Kritik der reinen Vernunft)
»Ich habe wegen...«, in: Werke, Bd. 6, S. 379f. (Der Streit der Fakultäten)
»Religion zu haben...«, in: Werke, Bd. 4, S. 580 (Metaphysik der Sitten)
»Eine Religion...«, in: Werke, Bd. 4, S. 657 (Die Religion innerhalb der Grenzen der bloßen Vernunft)
»Eine Glückseligkeit...«, in: Werke, Bd. 1, S. 344 (Allgemeine Naturgeschichte und Theorie des Himmels)
»Die Natur hat...«, in: Werke, Bd. 6, S. 556 (Anthropologie)
»Wer einmal...«, in: Werke, Bd. 3, S. 243 (Prolegomena zu einer jeden künftigen Metaphysik die als Wissenschaft wird auftreten können)

(2) Imaginäres Gespräch mit der Frau Rat Goethe (S. 19–S. 26)

»Hercules misttete einmahl...«, in: Briefe, v. 9. 11. 1793
»Mein Leben fließt...«, in: Briefe, v. 17. 11. 1786
»Ich weiß aus Erfahrung...«, in: Briefe, v. 21. 7. 1798
»Ewig werden die Worte...« und »... die Worte der Seeligen Klettenbergern...«, in: Briefe, v. 17. 11. 1786
»Daß das Bustawiren...«, in: Briefe, v. 16. 5. 1807
»Diese Meße war reich...«, in: Briefe, v. 6. 10. 1807
»Wir sehen und hören...«, in: Briefe, v. 20. 6. 1793
»Vor der Zeit...«, in: Briefe, v. 1. 8. 1796
»Vor denen Frantzosen...«, in: Briefe, v. 22. 7. 1796
»Was ich sage...«, in: Briefe, v. 8. 12. 1794
»Vor ohngefähr 20 Jahren...«, in: Briefe, v. 10. 10. 1805
»Gestern wurde zum ersten mahl...«, in: Briefe, v. 19. 8. 1806
»Fröligkeit ist die Mutter...«, in: Briefe, v. 15. 2. 1798
»So ein Liebes...«, in: Briefe, v. 17. 4. 1807
»Da unter diesem Mond...«, in: Briefe, v. 24. 9. 1795
»Meine Enckelin...«, in: Briefe, v. 2. 2. 1796
»Neues gibts hir nichts...«, in: Briefe, v. 9. 11. 1793
»Die Oper Cosa van Tutti...«, in: Briefe, v. 15. 5. 1797
»Weimar ist der wahre Sitz...«, in: Briefe, v. 22. 3. 1802
»Wohl mögte ich einmal...«, in: Briefe, v. 18. 1. 1802
»Wolte Gott...«, in: Briefe, v. 8. 7. 1793

(3) Imaginäres Gespräch mit dem Marquis de Sade (S. 27–S. 35)

»Was nun dieses schöne Hirngespinst...«, in: Kurze Schriften, S. 41
»Ich habe meine Verirrungen...«, in: de Beauvoir, S. 54
»Jesus hat nichts Eigenartigeres...«, in: Kurze Schriften, S. 33
»Was die Wunder...«, in: Kurze Schriften, S. 32
»Es bedarf nur...«, in: Kurze Schriften, S. 33
»bin ich gewiß...«, in: 120 Tage, S. 367
»Ich erhebe meine Augen...«, in: Kurze Schriften, S. 462f.
»Seien wir uns...«, in: Kurze Schriften, S. 463
»Unser Verlangen...«, in: de Beauvoir, S. 39
»... dem die Natur...«, in: Kurze Schriften, S. 220
»Die Sonne ergreifen...«, in: de Beauvoir, S. 44

»Ich war in der Bastille...«, in: Kurze Schriften, S. 126
»Die Franzosen...«, in: Kurze Schriften, S. 84
»Marats rohe Meuchelmörderin...«, in: Kurze Schriften, S. 116
»Man wirft mir vor...«, in: Kurze Schriften, S. 124
»Sie haben es...«, in: Kurze Schriften, S. 633
»Ich beschäftige mich...«, in: Kurze Schriften, S. 125
»Die wesentlichste Erkenntnis...«, in: Kurze Schriften, S. 228f.
»Man muß Menschen...«, in: Kurze Schriften, S. 229
»Die englischen Romane...«, in: Kurze Schriften, S. 221f.
»Aber die Schönheit...«, in: Kurze Schriften, S. 439
»Das geringste Lachen...«, in: Kurze Schriften, S. 62
»Alle Leidenschaften haben...«, in: de Beauvoir, S. 67
»Es sind nicht die Meinungen...«, in: de Beauvoir, S. 65
»Das Alter ist selten angenehm...«, in: Kurze Schriften, S. 365f.
»Bringt mich entweder um...«, in: Kurze Schriften, S. 615

(4) Imaginäres Gespräch mit Matthias Claudius (S. 37–S. 45)

»Heutiges Tages...«, in: Sämtliche Werke des Wandsbecker Boten, Bd. 1, S. 16
»Bin auch auf Unverstädten gewesen...«, in: Wandsbecker Bote, Bd. 1, S. 24ff.
»Wie es nun überhaupt...«, in: Wandsbecker Bote, Bd. 2, S. 349
»Der Mensch ist...«, in: Wandsbecker Bote, Bd. 2, S. 12
»Wir Menschen gehen doch...«, in: Wandsbecker Bote, Bd. 1, S. 405
»Ich weiß besser...«, in: Wandsbecker Bote, Bd. 1, S. 5
»Gut sein!...«, in: Wandsbecker Bote, Bd. 1, S. 15
»Was hülf' mir Kron' und Land...«, in: Wandsbecker Bote, Bd. 1, S. 447
»Wem die Götter...«, in: Wandsbecker Bote, Bd. 1, S. 144
»Er verschmähte Wein und Weiber...«, in: Wandsbecker Bote, Bd. 1, S. 47f.
»'Soll Leute geben...«, in: Wandsbecker Bote, Bd. 1, S. 7
»Der Tod wird zwar...«, in: Wandsbecker Bote, Bd. 2, S. 14
»Die Leut' fürchten sich so...«, in: Wandsbecker Bote, Bd. 1, S. 20
»Die Philosophie ist gut...«, in: Wandsbecker Bote, Bd. 1, S. 325
»Vor einiger Zeit...«, in: Asmus omnia sua secum portans, 4. Teil, S. 214ff.

»Nun mag ich auch nicht länger leben...«, in: Wandsbecker Bote, Bd. 1, S. 73
»Ich habe Lessing auch gekannt...«, in: Asmus omnia sua secum portans, 5. Teil, S. 203
»Und gute Zähne auch!...«, in: Asmus omnia sua secum portans, 3. Teil, S. 42

(5) Imaginäres Gespräch mit Ludwig van Beethoven (S. 47–S. 55)

»Nur in den seltensten Fällen...«, in: Solomon, S. 93
»Statt über eine Anzahl Takte...«, in: Briefe, v. 24. 7. 1813
»Vieles ist auf Erden zu thun...«, in: Solomon, S. 51
»Gegen alle Menschen...«, in: Solomon, S. 53
»Man hat mir davon...«, in: Briefe, v. 7. 10. 1826
»Kein Recensent...«, in: Thayer, Bd. 5, S. 70
»Ich wünschte...« und »...so lasse man sie doch nur reden...«, in: Briefe, v. 15. 1. 1801
»Wer kann nach solchen Rezensenten fragen...«, in: Briefe, v. 9. 10. 1811
»Was mich angeht...«, in: Briefe, v. 22. 4. 1801
»Daß man sich...« und »...und – fast alles...«, in: Briefe, v. 6. 7. 1804
»Es gibt keine Abhandlung...«, in: Briefe, Mittwoch am 2. Wintermonat 1809
»Seit dem Karlsbader Sommer...«, in: Massin, S. 320
»Bey meiner letzten Musik...«, in: Solomon, S. 49
»Ich will...«, in: Briefe, v. 10. 4. 1806
»Was kann widersinniger sein...«, in: Briefe, 1817
»Die Kunst!...«, in: Briefe, v. 11. 8. 1810
»Der mit einem Übel behaftet wird...«, in: Solomon, S. 83
»Mein Gehör...«, in: Briefe, v. 29. 7. 1801
»Wohl ist diese ganze Haushaltung...«, in: Briefe, 1817
»Meine... Existenz...«, in: Briefe, v. 26. 7. 1809
»Meine Lage ist...« und »...ist es...«, in: Briefe, v. 28. 11. 1820
»Gott helfe mir...«, in: Briefe, 1819
»Ich gestehe...«, in: Briefe, Denkschrift v. 18. 2. 1820
»Ich komme...«, in: Briefe, v. 10. 2. 1811
»Ich muß gestehen...«, in: Briefe, v. 3. 9. 1825
»Mein Arzt...«, in: Briefe, v. 22. 2. 1827
»Note hilft...«, in: Texte, S. 610, Nr. 37*

(6) Imaginäres Gespräch mit Johann Nestroy (S. 57–S. 64)

»Bis zum Lorbeer...«, in: Komödien, Bd. 1, S. 270f. (Weder Lorbeerbaum noch Bettelstab I, 12)

»'s Geld braucht man halt...«, in: Stich- und Schlagworte, S. 72 (Eulenspiegel und Schabernack I, 10)

»Ist nichts...«, in: Stich- und Schlagworte, S. 49 (Nur keck I, 6)

»Freilich...«, in: Komödien, Bd. 2, S. 528 (Liebesgeschichten und Heiratssachen I, 5)

»Armut is ohne Zweifel...«, in: Komödien, Bd. 2, S. 608 (Der Zerrissene I, 5)

»Nicht wahr is's!...«, in: Stich- und Schlagworte, S. 134 (Mein Freund, Vorspiel)

»Ich glaube...«, in: Komödien, Bd. 1, S. 444 (Die beiden Nachtwandler I, 16)

»Verheiratete seufzen...«, in: Stich- und Schlagworte, S. 104 (Nur keck III, 15)

»Meine Geliebte...«, in: Stich- und Schlagworte, S. 26f. (Heimliches Geld, heimliche Liebe I, 16)

»Liebe ist ein Beweis...«, in: Stich- und Schlagworte, S. 74

»Ich bin immer gern...«, in: Stich- und Schlagworte, S. 59 (Nur keck I, 7)

»Das muß sein...«, in: Komödien, Bd. 1, S. 91 (Das Haus der Temperamente II, 7)

»Ich habe bisher...«, in: Forst de Battaglia, S. 82f.

»Wir sind alle Delinquenten...«, in: Stich- und Schlagworte, S. 116

»Ich war ein Vulkan...«, in: Stich- und Schlagworte, S. 62 (Der Feenball oder Tischler, Schneider und Schlosser)

»Ich lass' mir mein' Aberglaub'n...«, in: Komödien, Bd. 3, S. 243 (Höllenangst II, 17)

»Meine Affären...«, in: Forst de Battaglia, S. 224

»Ich habe auch meine...«, in: Stich- und Schlagworte, S. 122

»Die Zensur is die jüngere...«, in: Komödien, Bd. 3, S. 147 (Freiheit in Krähwinkel I, 14)

»Es gibt sehr wenig böse Menschen...«, in: Stich- und Schlagworte, S. 78 (Nur Ruhe I, 1)

»Man glaubt nicht...«, in: Stich- und Schlagworte, S. 53 (Sie sollen ihn nicht haben oder Der holländische Bauer)

»Wahrheit ist...«, in: Stich- und Schlagworte, S. 130 (Umsonst III, 33)

(7) Imaginäres Gespräch mit Georg Büchner (S. 65–S. 72)

»Das Christentum gefällt mir nicht…«, in: Werke und Briefe, S. 228
»Ich verachte niemanden…«, in: Werke und Briefe, S. 164ff.
»Ich studierte…«, in: Werke und Briefe, S. 162
»Ein Todesurteil…«, in: Werke und Briefe, S. 181
»Die junge Freiheit…«, in: Werke und Briefe, S. 139
»Seht nun…«, in: Werke und Briefe, S. 134
»Wenn in unserer Zeit…«, in: Werke und Briefe, S. 157
»Aber ich kenne…«, in: Werke und Briefe, S. 179
»Ich für meine Person…«, in: Werke und Briefe, S. 188
»Wenn man mir übrigens…«, in: Werke und Briefe, S. 182
»Nur die dringendsten Gründe…«, in: Werke und Briefe, S. 175
»Meine Zukunft ist…«, in: Werke und Briefe, S. 175
»Jedenfalls könnte ich…«, in: Werke und Briefe, S. 176
»Ich werde ganz dumm…«, in: Werke und Briefe, S. 187
»Das Gefühl des Gestorbenseins…«, in: Werke und Briefe, S. 166
»Ich schreibe wie im Fieber…«, in: Werke und Briefe, S. 231
»Es gibt…«, in: Werke und Briefe, S. 186
»Wie ein blutig Eisen.«, in: Werke und Briefe, S. 130

(8) Imaginäres Gespräch mit Clara Schumann (S. 73–S. 81)

»Daß ich das noch erleben durfte…«, in: Litzmann, Bd. 3, S. 586
»Als ich Liszt…«, in: Litzmann, Bd. 1, S. 417
»Ich kann sie nicht anders…«, in: Litzmann, Bd. 2, S. 35
»›Tannhäuser‹…«, in: Litzmann, Bd. 3, S. 381f.
»Die Tragweite der Wagner-Richtung…«, in: Litzmann, Bd. 3, S. 404
»Das ist doch das Widerwärtigste…«, in: Litzmann, Bd. 3, S. 326
»Ich lese jetzt täglich…«, in: Litzmann, Bd. 3, S. 412
»In Hamburg…«, in: Litzmann, Bd. 3, S. 112
»Ich habe gar kein Talent…«, in: Litzmann, Bd. 2, S. 22
»Es sind einige hübsche Stellen…«, in: Litzmann, Bd. 2, S. 139f.
»Das Übel mit den…«, in: Litzmann, Bd. 2, S. 15
»Dresden ist ein musikalisches Nest…«, in: Litzmann, Bd. 2, S. 94f.

»Wien...«, in: Litzmann, Bd. 3, S. 189
»In München...«, in: Litzmann, Bd. 3, S. 305
»In England...«, in: Litzmann, Bd. 3, S. 201
»Das ist mir doch...«, in: Litzmann, Bd. 3, S. 155
»Ich möchte noch mal...«, in: Litzmann, Bd. 3, S. 364
»So ein 70. Geburtstag...«, in: Litzmann, Bd. 3, S. 420

(9) Imaginäres Gespräch mit Friedrich Nietzsche (S. 83–S. 90)

»Ich habe bis...«, in: Gesammelte Werke, Bd. 2, S. 1083f. (Ecce homo)
»Der Einwand...«, in: Gesammelte Werke, Bd. 2, S. 637 (Jenseits von Gut und Böse)
»Der Deutsche...«, in: Gesammelte Werke, Bd. 2, S. 711 (Jenseits von Gut und Böse)
»Ich hörte...«, in: Gesammelte Werke, Bd. 2, S. 705 (Jenseits von Gut und Böse)
»Alles erwogen...«, in: Gesammelte Werke, Bd. 2, S. 1091 (Ecce homo)
»Das, was ich über Bizet sage...«, in: Gesammelte Werke, Bd. 3, S. 1347 (Brief an Carl Fuchs v. 27. 12. 1888)
»Die größte Auszeichnung...«, in: Gesammelte Werke, Bd. 2, S. 187 (Die fröhliche Wissenschaft)
»Sünde, so wie sie jetzt...«, in: Gesammelte Werke, Bd. 2, S. 131f. (Die fröhliche Wissenschaft)
»Welche Wohltat...«, in: Wille zur Macht, S. 38 (Aphorismus 49)
»Der christliche Entschluß...«, in: Gesammelte Werke, Bd. 2, S. 130 (Die fröhliche Wissenschaft)
»Aber im Grunde...«, in: Gesammelte Werke, Bd. 1, S. 488 (Menschliches, Allzumenschliches)
»Der Gewissensbiß...«, in: Gesammelte Werke, Bd. 1, S. 897 (Menschliches, Allzumenschliches)
»Die Bestie in uns...«, in: Gesammelte Werke, Bd. 1, S. 481 (Menschliches, Allzumenschliches)
»Es gibt genug...«, in: Gesammelte Werke, Bd. 2, S. 172 (Die fröhliche Wissenschaft)
»Die Mutter der Ausschweifung...«, in: Gesammelte Werke, Bd. 1, S. 767 (Menschliches, Allzumenschliches)
»Das Volk hat wohl etwas...«, in: Gesammelte Werke, Bd. 1, S. 798 (Menschliches, Allzumenschliches)

»Zuletzt bliebe noch...«, in: Gesammelte Werke, Bd. 2, S. 124 (Die fröhliche Wissenschaft)
»Erst der große Schmerz...«, in: Gesammelte Werke, Bd. 2, S. 1059 (Nietzsche contra Wagner)
»Jedenfalls lügt man gut...«, in: Wille zur Macht, S. 542f. (Aphorismus 808)
»Gar nicht von sich reden...«, in: Gesammelte Werke, Bd. 1, S. 696 (Menschliches, Allzumenschliches)
»Bei einem längeren Gespräch...«, in: Gesammelte Werke, Bd. 1, S. 871 (Menschliches, Allzumenschliches)

(10) Imaginäres Gespräch mit Frank Wedekind (S. 91–S. 98)

»Mein allabendliches Auftreten...«, in: Der vermummte Herr, S. 143
»Wer Pech anfühlt...«, in: Der vermummte Herr, S. 167
»München ist...«, in: Der vermummte Herr, S. 21
»Außer den öffentlichen Denkmälern...«, in: Der vermummte Herr, S. 24f.
»In der hiesigen Oper...«, in: Der vermummte Herr, S. 27
»Ich sah Frau Clara Ziegler...«, in: Der vermummte Herr, S. 34
»Eysoldt, Durieux...«, in: Prosa Dramen Verse, Bd. 2, S. 809ff. (Parodie und Satire! Gedicht)
»Ich habe diesen Winter...«, in: Der vermummte Herr, S. 181f.
»In meinem Einakter...«, in: Selbstdarstellung, S. 74
»Daß die bürgerliche Gesellschaft...«, in: Selbstdarstellung, S. 68f.
»Ein Müßiggänger...«, in: Prosa Dramen Verse, Bd. 1, S. 105 (Liebe auf den ersten Blick)
»Aber jeder Mensch...«, in: Der vermummte Herr, S. 188
»Was braucht mich...«, in: Prosa Dramen Verse, Bd. 2, S. 829 (Ein politisch Lied)
»Es wird die rote Internationale...«, in: Prosa Dramen Verse, Bd. 1, S. 63 (Im Heiligen Land)
»Freilich...«, in: Prosa Dramen Verse, Bd. 1, S. 133 (Marianne)
»In allem...«, in: Der vermummte Herr, S. 157
»Die sexuelle Psychopathie...«, in: Prosa Dramen Verse, Bd. 1, S. 40 (Auf dem Faulbett)

(11) Imaginäres Gespräch mit Alfred Kerr (S. 99–S. 107)

»In jedem Winter...«, in: Welt im Drama, Bd. 1, S. X f.
»...und ersetzt das castigare...«, in: Welt im Drama, Bd. 1, S. XI
»Er mag es ruhig sein...«, in: Welt im Drama, Bd. 1, S. 418 ff.
»Aus einem Gedanken...«, in: Welt im Drama, Bd. 1, S. XVIII
»Das Werk des Briten...«, in: Welt im Drama, Bd. 5, S. 125
»Wesentliche Einwände...«, in: Welt im Drama, Bd. 1, S. 220
»Ob er Tragik ohne was Geschnitztes...«, in: Welt im Drama, Bd. 1, S. 152
»Ein Dänenschiff auf der Fahrt...«, in: Welt im Licht, S. 262 f.
»Der Araber geht...«, in: Allgier, S. 41 f.
»Ich glaube nach allem...«, in: Welt im Licht, S. 33 f.
»Ich hatte mit Hindenburg...«, in: Allgier, S. 115
»Hauptmanns Lebensform...«, in: Welt im Licht, S. 289 f.
»Dieselbe Zeitungsfrau...«, in: Diktatur, S. 124
»In der Räuberaufführung...«, in: Welt im Drama, Bd. 2, S. 5

(12) Imaginäres Gespräch mit Christian Morgenstern (S. 109–S. 116)

»Fast alles...«, in: Werke, Bd. 3, S. 44
»Niemand ahnt...«, in: Werke, Bd. 3, S. 47 f.
»Ich bin der leichterregbarste...«, in: Werke, Bd. 3, S. 45
»Mein Hauptorgan ist...«, in: Gesammelte Werke, S. 438
»›Höherer Blödsinn‹...«, in: Werke, Bd. 4, S. 187 ff.
»Niemand war und ist...«, in: Werke, Bd. 3, S. 46
»Herr Meier hält sich...«, in: Gesammelte Werke, S. 356
»Wer wollte den Gutartigen...«, in: Werke, Bd. 3, S. 33
»Eine Karikatur...«, in: Gesammelte Werke, S. 377
»Wer nicht auch...«, in: Gesammelte Werke, S. 412
»Man wirft dem Schriftsteller...«, in: Werke, Bd. 3, S. 30
»Einen Krieg beginnen...«, in: Gesammelte Werke, S. 398
»Kerr als Einzelfall...«, in: Werke, Bd. 4, S. 93
»Alle Geheimnisse...«, in: Gesammelte Werke, S. 461
»Zitate sind Eis...«, in: Gesammelte Werke, S. 393
»Keine Kirche...«, in: Werke, Bd. 4, S. 160
»Wenn Fritz meint...«, in: Werke, Bd. 1, S. 587 ff.
»Es gibt für Unzählige...«, in: Werke, Bd. 3, S. 29

(13) Imaginäres Gespräch mit Franz Kafka (S. 117–S. 126)

»Alles, was sich nicht...«, in: Tagebücher, S. 311
»Das sieht aus...«, in: Das Kafka-Buch, S. 252 (Gespräche mit G. Janouch)
»Als es meinem Organismus...« und »... nur noch durch das Bureau...«, in: Tagebücher, S. 229
»Ich muß viel allein sein...«, in: Tagebücher, S. 311
»Ich brauche zu meinem Schreiben...«, in: Briefe an Felice, S. 412
»Ich habe mich...«, in: Briefe 1902–1924, S. 385
»Gibt es eine Seelenwanderung...«, in: Tagebücher, S. 561
»Das Schreiben ist...«, in: Briefe 1902–1924, S. 384f.
»Es ist unleugbar...«, in: Tagebücher, S. 551
»Schlaflos, fast gänzlich...», in: Tagebücher, S. 570
»Mein Unglück ist...«, in: Briefe an Milena, S. 239
»Wenn man mir freigestellt hätte...«, in: Briefe an Milena, S. 258
»Ich wollte...«, in: Briefe an Milena, S. 319
»Was habe ich...«, in: Tagebücher, S. 350
»Die Verachtung der Ostjuden...«, in: Tagebücher, S. 465
»... das Ungenügende...«, in: Tagebücher, S. 465f.
»Vor längerer Zeit habe ich...«, in: Briefe 1902–1924, S. 336ff.
»Sicher ist mein Widerwille...«, in: Tagebücher, S. 168
»In der letzten...«, in: Briefe an Felice, S. 719f.
»Was ist Liebe?...«, in: Kafka-Buch, S. 136
»Es gibt kein zartes Fieber...«, in: Briefe 1902–1924, S. 309
»Guter Arzt?...«, in: Briefe 1902–1924, S. 285
»Diese empörenden Ärzte!...«, in: Tagebücher, S. 265
»Die ungeheure Welt...«, in: Tagebücher, S. 306
»Auf dem Sterbebett...«, in: Tagebücher, S. 448
»Man darf niemanden...«, in: Hochzeitsvorbereitungen, S. 44 (Betrachtung 53)

(14) Imaginäres Gespräch mit Jean Cocteau (S. 127–S. 134)

»Ich gelte als geistreich...«, in: Werkausgabe, Bd. 9, S. 148
»Leichtfertigkeit ist nichts anderes...«, in: Werkausgabe, Bd. 11, S. 125
»Mir ist Originalität...«, in: Werkausgabe, Bd. 10, S. 149
»Der wahre Schriftsteller...«, in: Werkausgabe, Bd. 9, S. 17

»Es gibt einen äußersten Punkt...«, in: Vollendete Vergangenheit, S. 45
»Lebensgierigen jungen Menschen...«, in: Werkausgabe, Bd. 9, S. 130
»Arrivieren, sein Ziel erreichen!...«, in: Werkausgabe, Bd. 1, S. 13
»Ich kann mir den Kritiker...«, in: Werkausgabe, Bd. 9, S. 51
»Es läßt sich nicht...«, in: Werkausgabe, Bd. 9, S. 83
»Mein Wesen bedarf...«, in: Werkausgabe, Bd. 10, S. 128
»Nicht vom Opium...«, in: Werkausgabe, Bd. 10, S. 97
»Das Opiumrauchen... «, in: Werkausgabe, Bd. 9, S. 150
»Dem Opiumsüchtigen Moral predigen...«, in: Werkausgabe, Bd. 10, S. 27
»Nach der Entziehungskur...«, in: Werkausgabe, Bd. 10, S. 137f.
»Ein Schriftsteller...«, in: Werkausgabe, Bd. 10, S. 194
»Ein Garten...«, in: Werkausgabe, Bd. 11, S. 167
»Die Ästhetik Gottes...«, in: Werkausgabe, Bd. 9, S. 183
»Die Dinge folgen Picasso...«, in: Werkausgabe, Bd. 9, S. 242
»Der Wirt des Restaurants...«, in: Werkausgabe, Bd. 9, S. 243f.
»Kürzlich wurde bei Picasso...«, in: Werkausgabe, Bd. 9, S. 237
»Je älter ich werde...«, in: Vollendete Vergangenheit, S. 18
»In Paris sein Heil zu finden...«, in: Werkausgabe, Bd. 1, S. 171
»Ich finde...«, in: Vollendete Vergangenheit, S. 29f.
»Dreißig Jahre Menschenjagd...«, in: Vollendete Vergangenheit, S. 129
»Patriotismus ist nur...«, in: Werkausgabe, Bd. 11, S. 126
»...Kriegerwitwe aus dem Norden...«, in: Werkausgabe, Bd. 10, S. 82
»Mir wurde dieses Glück...«, in: Werkausgabe, Bd. 11, S. 111
»Die Dichter müssen...«, in: Werkausgabe, Bd. 8, S. 69
»Das Feuer.«, in: Fraigneau, S. 118

(15) Imaginäres Gespräch mit Kurt Tucholsky (S. 135–S. 141)

»Auf die Schauspieler...«, in: Ausgewählte Briefe, S. 258
»Wer von jedem Mäusedreck...«, in: Tagebücher, S. 307
»Möchten Sie sich...«, in: Ausgewählte Briefe, S. 276
»Ich hatte mir vorgenommen...«, in: Gesammelte Werke, Bd. 2, S. 784ff.

»Mit tiefer Beschämung sehe ich...«, in: Briefe auf dem Schweigen, S. 78
»Wenn ich erst ganz...«, in: Briefe aus dem Schweigen, S. 101
»Diese Leute denken so langsam...«, in: Tagebücher, S. 70
»Das berliner Publikum...«, in: Gesammelte Werke, Bd. 3, S. 247
»Ich bin im Jahre 1911...«, in: Ausgewählte Briefe, S. 339
»Sie machen ein Judenstatut...«, in: Briefe aus dem Schweigen, S. 67f.
»Wenn man aber die Haltung...«, in: Tagebücher, S. 80
»Eine witzige Ähnlichkeit...«, in: Ausgewählte Briefe, S. 264
»Diese Demokratien...«, in: Briefe aus dem Schweigen, S. 73
»Sonst weiß ich nichts...«, in: Briefe aus dem Schweigen, S. 65

(16) Imaginäres Gespräch mit Eugen Roth (S. 143–S. 149)

»Und schon ruft der hiesige Redakteur...«, in: Werke, Bd. 7, S. 339
»Ich bin am 24. Januar 1895...«, in: Werke, Bd. 7, S. 7
»Als Kind schon war ich...«, in: Werke, Bd. 8, S. 241
»Lehrjahre in Ettal...«, in: Werke, Bd. 8, S. 226f.
»Nebenbei...«, in: Werke, Bd. 8, S. 227
»(der heutigen ›Süddeutschen Zeitung‹)...«, in: Werke, Bd. 7, S. 7
»1933 fristlose Entlassung...«, in: Werke, Bd. 8, S. 227
»Ein Mensch weiß aus Erfahrung...«, in: Werke, Bd. 1, S. 267
»Eine unvergeßliche Erscheinung...«, in: Werke, Bd. 7, S. 258ff.
»An den lebendigen...«, in: Werke, Bd. 7, S. 116ff.
»Ein Mensch, der aus der Zeitung...«, in Werke, Bd. 1, S. 262
»Ein Mensch, der willens...«, in: Werke, Bd. 1, S. 69
»Zwei Dinge trüben sich...«, in: Werke, Bd. 2, S. 35
»Die Zeitung meldet...«, in: Werke, Bd. 1, S. 77
»Das Kopfzerbrechen bleibt...«, in: Werke, Bd. 2, S. 72
»Ein Mensch schaut...«, in: Werke, Bd. 1, S. 191

(17) Imaginäres Gespräch mit Ernest Hemingway (S. 151–S. 157)

»Ich will als Schriftsteller...«, in: Briefe, S. 476
»Ich bin seit dem 8. Juli 1918...« und »Ich bin...«, in: Astre, S. 27

»Zum Sterben...«, in: Briefe, S. 576
»Man kann einen Mann...«, in: Briefe, S. 563 f.
»Heutzutage muß ein Schriftsteller...«, in: 49 Depeschen, S. 171
»Mit dem großen Buch...«, in: Briefe, S. 459
»Jeder Schriftsteller...«, in: Grüne Hügel Afrikas, S. 18
»Zu viele Faktoren...«, in: Grüne Hügel Afrikas, S. 22
»Vom Schreiben...«, in: Grüne Hügel Afrikas, S. 22 f.
»Wir zerstören sie...«, in: Grüne Hügel Afrikas, S. 19 f.
»Alles kritisieren...«, in: Briefe, S. 122
»Wie die Dinge liegen...«, in: Briefe, S. 496
»Wilson...«, in: Briefe, S. 396 ff.
»Ich höre...«, in: Briefe, S. 541
»Meine Mutter ist sehr alt...«, in: Briefe, S. 453 ff.
»Ich glaube...«, in: Briefe, S. 570 f.
»Ich halte mich gewissenhaft...«, in: Briefe, S. 609
»Für mich wäre der Himmel...«, in: Briefe, S. 123 ff.
»Zur Hölle mit der Kirche...«, in: Briefe, S. 297
»Die Welt ist so rauh...«, in: Briefe, S. 179

(18) Imaginäres Gespräch mit Arthur Koestler (S. 159–S. 166)

»Solange ich Kommunist war...«, in: Geheimschrift, S. 415
»Wäre Kassandra von den Göttern...«, in: Die Herren Call-Girls, S. 35 ff.
»Die Welt achtet...« und »...aßen wir in Soho...«, in: Geheimschrift, S. 415 ff.
»Das Ziel dieser Bruderschaften...«, in: Pfeil ins Blaue, S. 100
»Nun habe ich Ereignissen...«, in: Pfeil ins Blaue, S. 417
»Selbsthaß ist der...«, in: Diebe in der Nacht, S. 357
»Um dem circulus vitiosus...«, in: Diesseits von Gut und Böse, S. 230
»Mit ungewollter Ironie...«, in: Geheimschrift, S. 452
»Heisenberg...«, in: Diesseits von Gut und Böse, S. 393 ff.

(19) Imaginäres Gespräch mit Ingeborg Bachmann (S. 167–S. 173)

»Über Orte läßt sich schlecht rechten...«, in: »Wir müssen wahre Sätze finden«, S. 39
»Zugegeben...«, in: Gesammelte Werke, Bd. 4, S. 340 ff.

»Haßliebe...«, in: »Wir müssen wahre Sätze finden«, S. 141
»Aber Wien hat nicht mehr...«, in: Gesammelte Werke, Bd. 3, S. 246
»Die meisten...«, in: »Wir müssen wahre Sätze finden«, S. 145
»Vielleicht ist das...« und »wenn sie sagt...«, in: »Wir müssen wahre Sätze finden«, S. 109
»Die Ehe ist eine...«, in: »Wir müssen wahre Sätze finden«, S. 144
»Was ist Kritik...«, in: »Wir müssen wahre Sätze finden«, S. 60
»Die Undine ist keine Frau...«, in: »Wir müssen wahre Sätze finden«, S. 46
»Die Männer...« und »Sie sind es.« und »Wissen Sie...«, in: »Wir müssen wahre Sätze finden«, S. 71
»Glück hat man manchmal...«, in: Gesammelte Werke, Bd. 3, S. 270f.
»Ziemlich schwierig ist es...«, in: »Wir müssen wahre Sätze finden«, S. 125f.
»Es gibt einige junge...«, in: »Wir müssen wahre Sätze finden«, S. 48
»Man muß die Aktualitäten...«, in: Gesammelte Werke, Bd. 4, S. 297f.
»Jedesmal...«, in: Gesammelte Werke, Bd. 4, S. 158f.
»Nein, gewiß...«, in: »Wir müssen wahre Sätze finden«, S. 45
»Vielleicht kann man sogar...«, in: »Wir müssen wahre Sätze finden«, S. 59

II. Quellen- und Literaturverzeichnis

Asmus omnia sua secum portans, oder sämtliche Werke des Wandsbecker Bothen, Carlsruhe bey Chr. Schmieder, 8 Tle., 1775–1812

Georges-Albert Astre, Ernest Hemingway, Rowohlt: Reinbek b. Hamburg 1961

Ingeborg Bachmann, Gesammelte Werke, hrsg. v. Christine Koschel, Inge v. Weidenbaum und Clemens Münster, 4 Bde., Piper: München / Zürich 1978

»Wir müssen wahre Sätze finden.« Gespräche und Interviews, hrsg. v. Christine Koschel und Inge v. Weidenbaum, Piper: München / Zürich 1983

Otto Forst de Battaglia, Johann Nestroy, Langen Müller: München 1962

Simone de Beauvoir, Soll man de Sade verbrennen?, Szczesny: München 1964

Ludwig van Beethoven, Alle vertonten und musikalisch bearbeiteten Texte, zus.gest. und hrsg. v. Kurt E. Schumann, Aschendorff: Münster 1980

Beethovens sämtliche Briefe, hrsg. v. Emerich Kastner, Hesse und Becker: Leipzig 1910

Georg Büchner, Werke und Briefe, dtv: München 1965

Matthias Claudius, Sämtliche Werke des Wandsbecker Boten, Fischer: Berlin o. J.

Jean Cocteau, Vollendete Vergangenheit. Tagebücher 1951–1952, hrsg. v. Pierre Chanel, Piper: München / Zürich 1989

Werkausgabe in zwölf Bänden, hrsg. v. Reinhard Schmidt, Fischer: Frankfurt a. M. 1988

André Fraigneau, Jean Cocteau, Rowohlt: Reinbek b. Hamburg 1961

Catharina Elisabeth Goethe, Briefe an ihren Sohn Wolfgang, an Christiane und August von Goethe, hrsg. v. Jürgen Fackert, Reclam: Stuttgart 1971

Ernest hemingway, Ausgewählte Briefe 1917–1961, hrsg. v. Carlos Baker, Rowohlt: Reinbek b. Hamburg 1984

Die grünen Hügel Afrikas, Rowohlt: Reinbek b. Hamburg 1954
49 Depeschen, hrsg. v. Ernst Schnabel, Rowohlt: Reinbek b. Hamburg 1969
FRANZ KAFKA, Briefe 1902–1924, hrsg. v. Max Brod, Fischer: Frankfurt a. M. 1958
Briefe an Felice, hrsg. v. Erich Heller und Jürgen Born, Fischer: Frankfurt a. M. 1967
Briefe an Milena, hrsg. v. Willy Haas, erweiterte Neuausgabe, Fischer: Frankfurt a. M. 1983
Hochzeitsvorbereitungen auf dem Land und andere Prosa aus dem Nachlaß, Fischer: Frankfurt a. M. 1953
Tagebücher 1910–1923, hrsg. v. Max Brod, Fischer: Frankfurt a. M. 1951
DAS KAFKA-BUCH, hrsg. v. Heinz Politzer, Fischer: Frankfurt a. M. 1965
IMMANUEL KANT, Werke in sechs Bänden, hrsg. v. Wilhelm Weischedel, Insel: Frankfurt a. M. 1956–64
ALFRED KERR, Die Allgier trieb nach Algier, Fischer: Berlin 1929
Die Diktatur des Hausknechts, Les Associés Editeurs: Bruxelles 1934
Die Welt im Drama, 5 Bde., Fischer: Berlin 1917
Die Welt im Licht, hrsg. v. Friedrich Luft, Kiepenheuer & Witsch: Köln / Berlin 1961
ARTHUR KOESTLER, Diebe in der Nacht. Chronik eines Experimentes, Forum: Frankfurt a. M. / Wien 1953, Europa Verlag: Wien 1979
Diesseits von Gut und Böse (Auswahl von Essays und Vorlesungen 1940–1965), Scherz: Bern u. a. 1965
Die Geheimschrift. Bericht eines Lebens. 1932–1940, Desch: München u. a. 1955
Die Herren Call-Girls. Ein satirischer Roman, Scherz: Bern u. a. 1973
Pfeil ins Blaue, Bericht eines Lebens. 1905–1931, Desch: München u. a. 1953
BERTHOLD LITZMANN, Clara Schumann. Nach Tagebüchern und Briefen, Breitkopf & Härtl: Leipzig 1923 (Reprint 1971)
JEAN und BRIGITTE MASSIN, Beethoven, Kindler: München 1970
CHRISTIAN MORGENSTERN, Gesammelte Werke in einem Band, hrsg. v. Margareta Morgenstern, Piper: München / Zürich 1965
Werke in vier Bänden, hrsg. v. Clemens Heselhaus, Piper: München / Zürich 1982

JOHANN NESTROY, Komödien, hrsg. v. Franz H. Mautner, 3 Bde., Insel: Frankfurt a. M. 1970
NESTROY STICH- UND SCHLAGWORTE, zus.gest. v. Reinhard Urbach, Jugend und Volk: Wien 1976
FRIEDRICH NIETZSCHE, Gesammelte Werke in drei Bänden, hrsg. v. Karl Schlechta, Hanser: München 1956
Der Wille zur Macht, Kröner: Leipzig 1930
EUGEN ROTH, Sämtliche Werke, 8 Bde., Hanser: München/Wien 1977
DONATIEN ALPHONSE FRANCOIS MARQUIS DE SADE, Die einhundertzwanzig Tage von Sodom oder Die Schule der Ausschweifungen, Harenberg: Dortmund 1990
Kurze Schriften, Briefe und Dokumente, ausgew. und zus.gest. v. Karl H. Kramberg, Merlin: Hamburg 1989
MAYNARD SOLOMON, Beethovens Tagebuch, hrsg. v. Sieghard Brandenburg, v. Hase & Köhler: Mainz 1990
ALEXANDER WHEELOCK THAYER, Ludwig van Beethovens Leben, 5 Bde., Breitkopf & Köhler: Leipzig 1901–1923
KURT TUCHOLSKY, Ausgewählte Briefe, hrsg. v. Mary Gerold-Tucholsky und Fritz J. Raddatz, Rowohlt: Reinbek b. Hamburg 1962
Briefe aus dem Schweigen 1932–1935. Briefe an Nuuna, hrsg. v. Mary Gerold-Tucholsky und Gustav Huonker, Rowohlt: Reinbek b. Hamburg 1977
Gesammelte Werke, hrsg. v. Mary Gerold-Tucholsky und Fritz J. Raddatz, 3 Bde., Rowohlt: Reinbek b. Hamburg 1962
Die Q-Tagebücher 1934–1935, hrsg. v. Mary Gerold-Tucholsky und Gustav Huonker, Rowohlt: Reinbek b. Hamburg 1978
DER VERMUMMTE HERR. Briefe Frank Wedekinds aus den Jahren 1881–1917, hrsg. und ausgewählt v. Wolfdietrich Rasch, dtv: München 1967
FRANK WEDEKIND, Prosa Dramen Verse, 2 Bde., Langen Müller: München/Wien 1964
Selbstdarstellung, zus.gest. v. Willy Reich, Langen Müller: München 1954

Zu den Abbildungen

(AKG = Archiv für Kunst und Geschichte, Berlin
Süd. Vlg. = Bilderdienst Süddeutscher Verlag, München)

Kant: Gemälde von Becker, um 1768 (AKG)
Goethe: Aquarell von Georg Friedrich Schmoll, 1781 (AKG)
Marquis de Sade: Imaginäres Porträt von Man Ray, 1938 (Süd. Vlg.)
Claudius: nach Zeichnung eines unbekannten Malers, 1804 (Süd. Vlg.)
Beethoven: Gemälde von Ferdinand Georg Waldmüller, 1823 (AKG)
Nestroy: Lithographie von Kriehuber (AKG)
Büchner: Pastell, anonym (AKG)
Schumann: Lithographie von Straub, um 1840 (AKG)
Nietzsche: Aufnahme, 1883 (AKG)
Wedekind: (AKG)
Kerr: Foto, 1927 (AKG)
Morgenstern: Porträtaufnahme, 1913 (AKG)
Kafka: Aufnahme (AKG)
Cocteau: Porträtaufnahme, um 1955 (AKG)
Tucholsky: Foto, 1931 (AKG)
Roth: Foto, um 1938 (AKG)
Hemingway: Foto, um 1954 (AKG)
Koestler: Foto (Horst Tappe/Süd. Vlg)
Bachmann: Foto, 1970

Der Piper Verlag dankt folgenden Rechteinhabern für die freundliche Genehmigung zum Abdruck von Texten: Argon Verlag, Europa Verlag, Fischer Verlag, Rowohlt Verlag, Scherz Verlag, Suhrkamp Verlag, Intercontinental Literary Agency, Niedeck Linder AG, Eugen Roth Erben. Für die Nachweise wird auf den Anhang dieses Buches (S. 177–193) verwiesen.

Joachim Kaiser

Große Pianisten in unserer Zeit

Von Klaus Bennert erweiterte Neuausgabe. 363 Seiten mit zahlreichen Notenbeispielen. SP 2376

Joachim Kaiser hat mit diesem Standardwerk über die großen Meister des Klavierspiels unserer Zeit – scherzhaft auch »Klavier-Michelin« genannt – einen großen Leserkreis unter den Musikfreunden des In- und Auslandes gefunden. Neben Rubinstein, Backhaus, Horowitz, Kempff, Arrau, Solomon, Richter, Gilels, Benedetti Michelangeli und Gould werden Vertreter der nächsten Pianistengeneration vorgestellt wie Gulda, Brendel, Barenboim, Argerich, Pollini, Perahia, Schiff, Zimerman und andere. Diese Ausgabe wurde von Klaus Bennert um das Kapitel »Verlust und neue Fülle« erweitert.

»Noch niemals habe ich erlebt, daß musikalische Interpretation mit derartiger Genauigkeit und Liebe zum Detail analysiert und beschrieben wurde.«

Arthur Rubinstein

Alfred Brendel

Musik beim Wort genommen

Über Musik, Musiker und das Metier des Pianisten. 278 Seiten mit zahlreichen Notenbeispielen. SP 8334

»Eines der brillantesten, gewiß auch amüsantesten Kapitel der aktuellen Musikliteratur – nein, nicht einfach lesen, sondern genüßlich auf der Zunge zergehen lassen. Es geht um das bisweilen diabolische Vergnügen bei der Lektüre des Diabelli-Kapitels.«

Klaus Bennert. Süddeutsche Zeitung

Nachdenken über Musik

Mit einem Interview von Jeremy Siepman. 231 Seiten mit 61 Notenbeispielen. SP 8244

»An sprachlichem Format übertrifft Brendels Erstling ein Fuder Musikbücher, an musikalischem ohnehin... Einer, der es nicht nur in den Fingern hat, versenkte sich in die Fragen seines Metiers, wobei er die Probleme als Praktiker, nicht als Schwarmgeist oder Eiferer anging.«

Süddeutsche Zeitung

Ingeborg Bachmann

Anrufung des Großen Bären
Gedichte. 79 Seiten. SP 307

Das Buch Franza
Das »Todesarten«-Projekt in Einzelausgaben. Herausgegeben von Monika Albrecht und Dirk Göttsche. 264 Seiten. SP 2608

Das Dreißigste Jahr
Erzählungen. 192 Seiten. SP 1509

Die Fähre
Erzählungen. 98 Seiten. SP 1182

Frankfurter Vorlesungen
Probleme zeitgenössischer Dichtung. 105 Seiten. SP 205

Gedichte, Erzählungen, Hörspiele, Essays
357 Seiten. SP 2411

Die gestundete Zeit
Gedichte. 63 Seiten. SP 306

Die Hörspiele
Ein Geschäft mit Träumen · Die Zikaden · Der gute Gott von Manhattan. 160 Seiten. SP 139

Liebe: Dunkler Erdteil
Gedichte aus den Jahren 1942–1967. 61 Seiten. SP 330

Mein erstgeborenes Land
Gedichte und Prosa aus Italien. Hrsg. von Gloria Keetman. 160 Seiten. SP 1354

Sämtliche Erzählungen
486 Seiten. SP 2218

Sämtliche Gedichte
229 Seiten. SP 2644

Simultan
Erzählungen. 211 Seiten. SP 1296

Wir müssen wahre Sätze finden
Gespräche und Interviews. Hrsg. vo Christine Koschel und Inge von Weidenbaum. 166 Seiten. SP 1105

Werke
Erster Band: Gedichte · Hörspiele · Libretti · Übersetzungen. Zweiter Band: Erzählungen. Dritter Band: Todesarten: Malina und unvollendete Romane. Vierter Band: Essays · Reden · Vermischte Schriften · Anhang. Hrsg. v. Christine Koschel. Inge von Weidenbaum, Clemens Münster. In Kassette. Zus. 2297 Seiten. SP 1700

SERIE PIPER

Friedrich Dürrenmatt

Über die Grenzen

Fünf Gespräche. Herausgegeben von Michael Haller. 159 Seiten. SP 1516

Friedrich Dürrenmatt führte in den letzten zehn Tagen seines Lebens fünf große Interviews. Sie behandeln sein Werk, seine politischen Ansichten, seine Gedanken über die Menschen und den Zustand der Welt. Dabei steht das Grenzüberschreitende im Denken des Schweizers Dürrenmatt im Mittelpunkt der Gespräche, in einer Zeit, in der sich ideologische Grenzlinien verschieben und sich die Grenze menschlicher Verfügungsgewalt über den Planeten Erde endgültig offenbart.
Ergänzt wird der Band durch fünf Nachrufe bekannter Literaturkritiker.

»Das Gespräch mit Dürrenmatt … dieser Dialog ist nicht zu Ende. Er beginnt erst, und wir werden Mühe haben, in Friedrich Dürrenmatts mächtigem Schatten, ihn zu bestehen.«
Walter Jens

Charlotte Kerr

Die Frau im roten Mantel

278 Seiten. SP 1916

Charlotte Kerrs Aufzeichnungen über ihre Zeit mit Friedrich Dürrenmatt, in der sie ihm ein kreativer und kritischer Gegenpart war, sind ein einzigartiges Dokument über eine ungewöhnliche künstlerische und menschliche Beziehung und geben zugleich Einblick in das Spätwerk des großen Schriftstellers.

»›Wer Dürrenmatt liebt‹, schrieb Georg Hensel, ›der kann auf Charlotte Kerrs Buch, wie immer er darüber urteilen mag, nicht verzichten.‹ Denn neben der Geschichte einer nicht immer spannungsfreien Beziehung von ›zwei Ichs zu zwein‹, wie Dürrenmatt formulierte, läßt dieses Buch einen tiefen Einblick in das Spätwerk des Dichters zu. Und man trifft einen Dürrenmatt, der bisher unbekannt war – ›den Verliebten, das verspielte, dichtende Kind im Manne, an dessen Seite zu leben wunderschön und verdammt schwer gewesen sein muß‹.«
Lutz Tantow, Süddeutsche Zeitung

Christian Morgenstern
Gesammelte Werke

in einem Band. 616 Seiten. SP 1067

Wenige Autoren der Weltliteratur haben ein derart facettenreiches, von Gegensätzen bestimmtes Werk hinterlassen wie Christian Morgenstern. Der vorliegende Band, den Margareta Morgenstern, die Frau des Dichters, nach dessen Tod zusammengestellt hat, zeigt die ganze Fülle seines dichterischen und denkerischen Schaffens. Die Auswahl umfaßt die »ernsten« Gedichte wie die Galgenlieder, dazu Grotesken und Parodien, Aphorismen, Sprüche, Epigramme und Briefe. Ob in der Seelenheiterkeit der Palmströmverse oder in dem Lebensernst der Sammlung »Zeit und Ewigkeit«, immer ist die Frage nach dem Sinn menschlicher Existenz spürbar. Der Versuch, die bedrohte Welt und den Menschen zu stärken und zu sich selbst zu führen, verleiht Morgensterns Werk eine zeitlose Gültigkeit: »Der Mensch ist mein Fach, und hier will ich bis zum Äußersten gehen.«

Galgenlieder

76 Seiten. SP 291

1895 verfaßte Christian Morgenstern im Alter von 24 Jahren seine ersten »Galgenlieder« für den geheimnisvollen Club der »Galgenbrüder«, acht junge Männer, die ein sonderbarer Kult vereinte. »Von einem großen Kind für große Kinder geschrieben«, veröffentlicht er sie erstmals 1905. Es sind die besten seiner lyrischen Grotesken, wegen ihrer Genialität unsterblich gewordene Spielereien mit Worten, Formen, Gedanken. Diese, wie er selbst sagte, »dummen, kleinen Schmetterlinge, auf der Wiese geistiger Freiheit gefangen«, sind das unvergängliche Vermächtnis Christian Morgensterns.

Der Gingganz

Gedichte. 63 Seiten. SP 856

»Man lacht sich krumm, bewundert hinterher, ernster geworden, eine tiefe Lyrik, die nur im letzten Augenblick ins Spaßhafte abgedreht ist – und merkt zum Schluß, daß man einen philosophischen Satz gelernt hat.«

Kurt Tucholsky

Hans Heinrich Eggebrecht

Musik im Abendland

Prozesse und Stationen vom Mittelalter bis zur Gegenwart. 848 Seiten nit 16 Seiten Abbildungen. SP 2301

»Musik im Abendland« – das ist die seit langem erwartete Musikgeschichte in einem Band des international renommierten Musikwissenschaftlers Hans Heinrich Eggebrecht. Sein großes Werk beschreibt und erzählt die Geschichte der Musik von der Entstehung der Mehrstimmigkeit im 9. Jahrhundert bis in unsere Zeit. Der Leser soll hier Musikgeschichte erleben, im Sinn existentieller Berührung. In vorbildlicher Weise ist es dem Autor gelungen, die Ansprüche, die sein Thema stellt, und die Verständlichkeit des Schreibens durch seine Art des Erzählens zu vermitteln.

»So beschert uns das Werk nicht nur einen Kosmos höchst qualifizierter Informationen, sondern auch reichlich intellektuelle An- und Aufregungen.«

Süddeutsche Zeitung

Michael Stegemann

Glenn Gould

Leben und Werk. 528 Seiten. SP 2284

»Das größte Verdienst Stegemanns liegt aber darin, Goulds Rolle als Gründerfigur und Prophet musikalischer Medienästhetik zu zeigen.«

Süddeutsche Zeitung

»Stegemann, als erklärter ›Gouldianer‹ seit Mitte der siebziger Jahre im Bann des Pianisten, ist außerordentlich akribisch vorgegangen: von der Beschreibung Torontos, Goulds Umfeld, das er nie verlassen hat, seiner Kindheit und Karriere bis hin zum frühen, jähen Ende nach einem Schlaganfall werden die Stationen dieser so exzentrischen wie hermetischen Existenz entwickelt, minutiös nicht nur die biographischen Details, sondern auch die Konzertprogramme und Sendungen, Aufnahmesitzungen, Hörspiel- und Videoproduktionen aufgelistet. Der Materialreichtum ist bestechend, neue Quellen wurden erschlossen, ungeahnte Details enthüllt.«

Frankfurter Allgemeine Zeitung

SERIE PIPER

Albrecht Roeseler

Große Geiger unseres Jahrhunderts

Von Norbert Hornig durchgesehene und erweiterte Neuausgabe. 457 Seiten mit 16 Notenbeispielen. SP 2375

Albrecht Roeselers Buch über große Geiger unseres Jahrhunderts ist für die Liebhaber und die Kenner des Violinspiels geschrieben. Es enthält eine durchaus persönlich getroffene Auswahl von Künsterporträts, beschreibt die Interpretationskunst der großen Geiger und die charakteristische Kraft ihres Spiels: die europäischen Virtuosen der zwanziger und dreißiger Jahre wie Kreisler und Busch, die Geiger der russischen Schule wie Heifetz, Milstein und die Oistrachs, sowjetische Künstler, die erst im »Westen« zu Weltruhm gelangten, wie Kremer und Tretjakow. Geiger der Weltklasse wie Menuhin, Stern, Perlman und Zukerman porträtiert Roeseler ebenso wie »junge« Künstler, etwa wie Anne-Sophie Mutter und Frank Peter Zimmermann. – Norbert Hornig aktualisierte dieses Buch. Er skizziert die Geigenszene der neunziger Jahre, bewertet die Karrieren etablierter Geiger aus heutiger Sicht und erzählt von neuen Talenten.

»Wer in die faszinierende Welt der Musikrezeption tiefer eindringen will, sollte Roeselers Buch zur Hand nehmen und lesen; Seite um Seite – oder ziellos blätternd: In jedem Fall wird er darin viel über Musik – so ganz im allgemeinen – erfahren. Roeselers Buch ist weit davon entfernt, eine trockene biographische Abhandlung über die Geigerstars der jüngeren Vergangenheit und der Gegenwart zu sein. Denn da erzählt ein Begeisterter, welches Abenteuer Musik-Hören sein kann. Und dort, wo er ganz persönlich wird und nicht verhehlen mag, was ihm am Stile des einen oder anderen allseits bejubelten Nachfolgers Paganinis besonders oder so gar nicht zusagen mag, dort wird dieses Buch am spannendsten. Die Begeisterung springt über, weil Roeseler letztlich sich selbst und seine Reakionen ganz uneitel zu erklären vermag.«

Die Presse

Klaus Umbach

Celibidache – der andere Maestro

Biographische Reportagen. 352 Seiten mit 16 Photos. SP 2553

Vor fünfzig Jahren wurde ein brotloser rumänischer Musikstudent über Nacht Chef des Berliner Philharmonischen Orchesters – Sergiu Celibidache (1912–1996). Hier begann eine der eigenwilligsten Dirigentenkarrieren dieses Jahrhunderts. Nach einer ebenso triumphalen wie schlingernden Odyssee durch die Konzertsäle der Welt war der große alte Mann zuletzt fast zwei Jahrzehnte lang Chefdirigent der Münchner Philharmoniker – der symphonische Hohepriester des Münchner Gasteig, der Maestro schlechthin, verehrt und geschmäht, ergebenster Diener der Musik und galliger Verächter allen Musikbetriebs und seiner technischen Reproduktionen. Vielen blieb der »andere Maestro« rätselhaft mit seiner (Musik-)Philosophie, seiner schockierenden Wahrheitsliebe, mit seinen herb provozierenden Urteilen über die Stars seiner Zunft.

Gidon Kremer

Kindheitssplitter

231 Seiten. SP 2391

»Warum eigentlich bin ich Geiger geworden – und nicht Eisenbahnschaffner oder Feuerwehrmann?« fragt sich Gidon Kremer in der Mitte seiner vierziger Jahre, auf der Höhe einer Weltkarriere als Geiger. Da zieht er sich eine Weile aus dem Trubel seiner internationalen Konzertverpflichtungen zurück – und erinnert sich. Herausgekommen sind bei dieser Erinnerungsarbeit Szenen einer intimen Reise durch eine Nachkriegskindheit in der ehemaligen Sowjetunion, ein Porträt von eigentümlichem Reiz und von spröder Innigkeit, geprägt von dem Grundmotiv großer Wahrhaftigkeit. Gidon Kremer ist ein Grenzgänger unter den virtuosen Geigern der Gegenwart. Die Suche nach den eigenen, unverwechselbaren Tönen in der Musik heißt für ihn, nicht nur im Reich der Musik die Grenzen auszuloten, sondern auch in der eigenen Persönlichkeit.

Martin Gregor-Dellin

Richard Wagner

Sein Leben – Sein Werk – Sein Jahrhundert. 928 Seiten. SP 8318

Martin Gregor-Dellin hat die bis heute unübertroffene Wagner-Biographie für unsere Zeit geschrieben. Das scheinbar unergründliche Rätsel Richard Wagner wird zur realen Gestalt des 19. Jahrhunderts.

»Der seltsame Glücksfall einer Komponisten-Biographie, die wissenschaftlich unanfechtbar ist und zugleich für ein größeres Publikum einen in jedem Augenblick fesselnde Lektüre bildet.«
Die Zeit

»Hier erzählt einer die aufregendste Geschichte von einem Menschen, dessen Exzentrik und Genie, dessen Absurditäten und Widersprüche, dessen Heimlichkeiten und Unheimlichkeiten ein wunderbares Welttheater vorführen.«
Der Spiegel

»Der Glücksfall einer Komponisten-Biographie.«
Carl Dahlhaus

Peter Wapnewski

Der Ring des Nibelungen

Richard Wagners Weltendrama. 331 Seiten mit 50 Abbildungen und 80 Notenbeispielen. SP 2629

Wie war das nochmal mit dem Gold, das Alberich raubte, das Wotan den Riesen weitergeben mußte, das Weltherrschaft verhieß und nicht der Verfügung des Bösen überlassen bleiben durfte, weil deshalb nach Siegmunds Scheitern schließlich dessen Sohn Siegfried die Schöpfung zu retten ausersehen war…? Wer spätestens hier den Überblick verliert, der ist nicht allein. Das größte Werk der Bühnengeschichte ist für viele ein Monstrum, doch das muß nicht sein. Wapnewskis klare und eingängige Erläuterungen sind für den Kenner, den Neugierigen und den Unwissenden eine hilfreiche und kenntnisreiche Stütze. Er deutet jede Szene, erklärt die Verbindungen und entwirrt das Geflecht der Handlung. Das Vergnügen, das er beim Schreiben hatte, überträgt sich auf den Leser.

SERIE PIPER

SERIE PIPER

Yehudi Menuhin

Die Freude liegt im Unvorhersehbaren

Gespräche mit Daniel Dubal. Aus dem Englischen von Inge Leipold. 192 Seiten. SP 2306

Der berühmteste unter den lebenden Musikern wird in der ganzen Welt als genialer Interpret und engagierter Humanist verehrt. Die großen Themen seines Lebens sind auch die Themen seiner Gespräche mit dem amerikanischen Pianisten und Musikpublizisten David Dubal: Musik und Musiker, Politik, Kunst, Religion bis hin zu Fragen der Umwelt.

Unvollendete Reise

Lebenserinnerungen. Aus dem Englischen von Isabella Nadolny und Albrecht Roeseler. 480 Seiten. SP 2472

»Die Geschichte dieser geradezu fabulösen Künstlerkarriere ist den Enthusiasten bekannt: seine Konzerte unter Toscanini, Busch, Bruno Walter und Furtwängler, seine Begegnungen mit Bartók und Enesco, seine Freundschaft mit Oistrach und Casals, seine Tourneen mit Benjamin Britten, Wilhelm Kempff, Gerald Moore und Schwester Hephzibah, seine Zusammenarbeit mit Karajan und Pierre Boulez, seine Betätigung als Dirigent und als Leiter der Festivals in Gstaad, Bath und Windsor. Aber vom Privatleben dieses Künstlers, seinen jugendlichen Träumen ›der Menschheit Frieden zu bringen‹, den Illusionen, die Völker durch Musik zu versöhnen, von seiner großen Begabung zur Freundschaft wußte man bislang zu wenig ... Was Menuhin den meisten Lebenserinnerungen voraus hat, ist die hohe Intelligenz und sein erzählerischer Charme.«

Frankfurter Allgemeine

Unterwegs

Erinnerungen 1976–1995. Aus dem Englischen von Inge Leipold. 160 Seiten. SP 2585

Am Ende seiner erfolgreichen Autobiographie »Unvollendete Reise« hatte Yehudi Menuhin ein wenig von einem beschaulicheren Leben zu träumen gewagt. »Unterwegs«, sein neues Erinnerungsbuch, zeigt, daß und warum dies auch zwanzig Jahre später ein Traum geblieben ist. Der große Geiger und Dirigent ist noch immer »auf Reisen«.

SERIE PIPER

Volkmar Braunbehrens

Mozart in Wien

508 Seiten mit 42 Abbildungen. SP 2538

Mozart – das gefeierte Wunderkind, das schon zu Lebzeiten vereinsamt, vergessen wird, an Gift stirbt, im Massengrab endet? Mit dieser umfassenden Biographie des Musikers in seinem letzten Jahrzehnt gelingt es Volkmar Braunbehrens meisterhaft, die großen Fehlinterpretationen, Gerüchte und romantischen Legenden, die sich um Mozarts Leben ranken, aufzuklären. Anhand der Originalquellen entsteht so ein sozialgeschichtlich unterfüttertes und lebendiges Bild Mozarts. Der selbstbewußte Mensch, der weithin anerkannte, geschätzte und gut verdienende Künstler wird sichtbar im Wiener Alltag des Josephinischen Zeitalters.

»Dieses Buch ist nicht nur spannend zu lesen, sondern ein Gewinn für alle, die Mozart – gereinigt von den Mythen der Romantik – aus der Perspektive seiner eigenen Zeit kennenlernen wollen. Mozart wird als ein bewußt und intellektuell auf der Höhe seiner Zeit stehender, wirtschaftlich durchaus erfolgreich und vor allem unabhängig agierender Künstler im aufgeklärten josephinischen Wien vorgestellt. Ein wichtiges Buch, das mehr Beachtung finden sollte!«

Fono Forum

»Was dieser Literatur-, Musik- und Kunstgeschichtler über Mozarts entscheidende zehn Jahre in Wien neu herausfand, ist nicht nur aufregend, sondern auch wissenschaftlich fundiert. Gewonnen ist endlich ein gereinigtes Mozart-Bild, mit dem liebgewordene Legenden wie ausgewischt erscheinen – und das lediglich auf Grund exakter Recherchen.«

Christ und Welt